현대인의 성공적인 삶을 위하여

현대인을 추종세력으로 만드는
카리스마적 리더가 되기 위한
56가지 노하우

BE Good Relationship
& Strong Leadership

한올출판사

머·리·말

실존주의 사상가 사르트르는 "실존은 본질에 앞선다." 라고 말하고 있다. 이 말은 "현재 인간은 자신이 존재하고 있는 모습은 태어날 때 그 모습이 아니다." 라는 것을 의미한다. 인간은 타고날 때는 동그라미 모양이든 육각형 모양이든 상관없이 자기가 그 속에 부어넣기에 따라서 동그라미는 사각형으로 변하고 육각형은 오각형으로 변한다는 것이다. 사르트르의 "실존은 본질에 앞선다." 는 말은 자신이 태어날 때 가지고 있던 본질적인 것은 후천적인 주변의 환경에 따라서 변화되어져 버린다는 말이다.

인류역사에 획기적인 변화를 가져다 준 찰스 다윈은 적자생존 설을 주장하고 있다. 다윈의 주장은 지구상의 모든 생물은 주변의 환경에 적응하는 생명체만이 존재한다는 것을 의미한다. 아무리 우수한 유전자를 가진 생명체라도 주변의 환경에 적응하지 못하면 도태되어서 사라져 버리게 된다.

마찬가지 현상으로 현대의 조직에서는 아무리 우수한 재능을 가진 인재도 자신의 환경에 적응하지 못하면 주변의 조직원들이 능력을 발휘하지 못하도록 막아버려서 능력 없는 조직원으로 몰려서 도태되어져 버린다.

현대인들이 살아가고 있는 주변의 환경은 어지러울 정도로 급변하고 있다. 그 변화의 속도는 바로 빛의 속도이다. 이렇게 광속으로 변화되는 주변 환경에 현대인들은 누구나 위기감을 느끼면서 변화를 추구해 나가고 있다. 개인이든 기업이든 국가든 모두가 주변 환경에 대응해서 변화를 추구해 나가고 있다.

역사적으로 볼 때 19세기 중반부터 산업혁명으로 인한 서양의 발달된 문물이 동양으로 몰려오면서 과거 수천 년간 계속된 동양 3국인 중국, 한국, 일본의 위상은 흔들리기 시작하였다. 일본은 서양의 발달된 문화를 성공적으로 받아들였다. 그러나 중국과 한국은 주변의 변화를 두려워하고 거부하였다. 결국 중국은 서양 열강 국들에게 수모를 당하고 한국은 자신의 문화를 전수하던 국가인 일본의 식민지라는 역사적인 치욕을 당하고 말았다.

21세기의 주변의 환경은 더욱 더 빠른 속도로 변화되고 있다. 이러한 주변의 변화에 적응하지 못하면 개인이든 기업이든 국가든 얼마가지 못해서 우물 안 개구리가 아닌 끓는 물속의 개구리가 되어져 버린다. 과거에는 변화를 추구해 나가지 않고서 그냥 있으면 우물 안 개구리로서 살아남을 수 있었다. 그러나 현대사회는 변화를 추구해 나가지 않으면 우물 안 개구리가 아닌 끓는 물속의 개구리가 되어서 자신 모르게 삶겨서 죽어 버린다.

수학자이자 철학자인 파스칼은 인간은 아주 작은 독침하나에도 죽을 수 있을 만큼 연약하다. 반면 우주는 매우 강하다. 연약한 인간이 강한 우주를 지배하고 있는 원인은 "인간은 자신이 연약하다는 것을 알고 있는 생각하는 갈대이기 때문이다." 라고 말하고 있다.

한국을 대표하는 삼성그룹의 설립자 이병철 회장의 경영철학은 정상에 올랐을 때 변화하라 라는 것이 이회장의 철학이었다. 삼성의 생명이 오래가는 원인은 바로 정상에 도달 했을 때 변화를 추구해 왔기 때문이다.

현대의 급변하는 주변 환경에 개인이든 기업이든 국가이든 변화를 추구해 나가야만 살아남을 수가 있는 것이다. 개인의 변화는 바로 기업의 혁신을 초래하고 나아가 국가 전체의 발전을 가져오게 되는 것이다.

조직도 과거에는 피라미드형에서 종 모양에 럭비공을 올려놓은 모양으로 변화되고 있다. 이것은 조직이 점차적으로 의사결정자 수가 하부조직으로까지 확산되어지고 있다는 것을 의미한다. 따라서 조직에서는 누구나 리더로서 의사에 참여하는 리더십이 필요하다. 개인은 조직의 특성과 자신의 위치에 맞추어서 리더십을 발휘하여야만 한다. 고급관리자가 변화를 추구하지 않고 초급관리자 시절의 리더십을 그대로 유지해 나가는 경우 조직의 파이프 라인은 막혀져 버린다.

그리스의 철인 플라톤은 그의 대표작 공화국에서 통치술인 리더십을 예술 중의 예술이라고 표현하고 있다. 플라톤은 장군이 부하들을 거느리는 통치술, 선생님이 학생들에게 가르치는 통치술, 목동이 양들을 몰고 가는 통치술, 정치인이 일반 대중들을 상대하는 통치술을 구별하고 있다. 이들은 자신의 위치와 특성에 맞추어서 리더십을 계발해 발휘하여야만 한다는 것이 플라톤의 말이다. 따라서 통치술은 그만큼 어렵기 때문에 예술 중의 예술로 보고 있다.

그리스의 철인 아리스토텔레스는 "인간은 사회적 동물이다." 라고 말하고 있다. 이 말은 인간은 누구나 태어나서 죽는 날까지 사회생활을 해야만 하는 운명을 가지고 있다는 말이다. 아리스토텔레스가 의미하는 것은 인간이 성공적인 삶을 살아가기 위해서는 리더십이 절대적으로 필요하다는 것이다.

사회학자이자 세계적인 석학 막스 베버는 리더십에 대한 연구에서 카리스마라는 말을 최초로 사용하고 있다. 카리스마는 선천적으로 타고난 리더십의 소유자를 의미한다. 역사적으로 보면 솔로몬 왕을 비롯하여 몇몇 인물들은 타고난 리더십을 소유한 인물들이었다. 그러나 대부분의 훌륭한 리더십을 가진 리더들은 무한한 자기계발을 통해서 후천적인 노력에 의해서 리더십을 발휘하였다. 결과적으로 리더는 선천적으로 타고나는 것이 아니라 후천적인 노력에 의해서 만들어지는 것이다.

카리스마적인 리더십을 발휘하여 조직원들과 고객을 추종세력으로 만드는 조직원들의 카리스마도 결국은 꾸준한 후천적인 노력에 의해서 형성되는 것이다.

그러면 일반적으로 조직을 움직이는 리더십은 어디서 나오는 것인가.

여기에 대한 실무자들과 이론적인 석학들의 견해는 일치한다. 훌륭한 인간관계 = 훌륭한 리더십이다. 이러한 공식은 인간사회의 동서고금을 통해서 입증된 공식이다. 훌륭한 인간관계를 바탕으로 한 리더십이 훌륭한 리더십을 발휘한다는 말이다.

실존주의 철학자 사르트르는 "실존주의는 휴머니즘이다."라고 표현하고 있다. 인간은 겉으로 드러나는 면보다 속에 보이지 않는 이면과 속 면에는 인간적인 너무나 인간적인 순수한 본질을 원하고 있다. 인간의 진실성을 바탕으로 한 인간관계는 영원히 존속하며 감명을 준다.

영화 "라이언 일병구하기"에서 인간의 순수한 진실성을 바탕으로한 휴머니즘을 불러 일으켰기 때문에 훌륭한 영화로 평가 되었다.

훌륭한 인간관계는 상호간의 존중과 신뢰와 사랑과 솔선수범을 바탕으로 하여야 한다.

얼마 전 모 가수가 불러서 인기를 얻었던 대중가요 "세상은 요지경 속이다."와 "타타타"에서 상호신뢰가 무너져 버린 사회를 잘 묘사하고 있다. 그 내용은 여기도 짜가, 저기도 짜가, 짜가가 판친다. 라는 노래 구절에서 짜가란 가짜와 진실이 아닌 허위라는 속어이다. 또한 노래 "타타타"의 구절에서 네가 나를 모르는데 난들 너를 어떻게 알겠느냐 등의 구절에서 훌륭한 인간관계는 신뢰를 바탕으로 하여야만 한다는 것을 잘 나타내고 있다.

미국 작가 T.S. 엘리엇은 그의 대표작 황무지에서 물질만을 추구하고 정신적으로 황무지와 같이 황폐해져가는 현대사회의 도래를 염려하고 있다. 엘리엇이 보는 현대사회는 과학과 기술의 발달로 인해 인간들을 물질적으로는 풍부하게 만들지만 정신적으로는 더욱 더 황무지화 되어져 간다는 것이다.

현대사회에서 성공적인 삶을 위해서 필요한 것은 무엇인가.

실존주의철학자 하이데거는 "존재와 시간"에서 성공적인 삶을 위해서는 인간에게 똑같이 주어진 시간의 활용에 대해서 논하고 있다. 똑같이 맑은 물이라도 소에게 주면 인간에게 좋은 우유가 되고 뱀에게 주면 인간에게 해로운 독이 된다는 말이 있다. 현대인들은 누구나 과학과 기술의 지나친 발달로 인해 그 과학과 기술을 맞추어 나가지 못하기 때문에 과거 보다 더욱 위기감을 느끼면서 살아가고 있다. 기업도 마찬가지이다. 주변의 급변하는 트랜드에 대한 정확한 정보를 입수하여 대응해 나가지 않으면 금방 전 세계의 기업으로부터 인수합병의 위기에 몰리게 된다.

현대의 급변하는 사회에 현대인들은 위기에 몰리고 있다. 현대인들에게 필요한 것은 이 위기를 극복하고 관리하는 능력이다. 또한 세계는 국경이 없어져 버린 세계화 시대로 변화되어지고 있다. 업은 아이 3년 찾는다는 말이 있다. 이 말은 대부분의 사람들은 정답은 바로 옆에 두고서 멀리서 정답을 찾으려고 하고 있다는 것을 의미한다. 이러한 변화 추세에 맞추어서 많은 사람들은 조기 유학 등 멀리서 해답을 찾으려고 하고 있다.

이 책은 디지털 혁명 등 과학과 기술의 발달로 인해 광란의 질주를 하고 있는 현대의 주변 환경과 사회에서 성공적인 삶을 위해서 필요한 사항들을 자기계발을 중심으로 분류하여 설명하고 있다.

현대 조직 인에 필요한 리더십 계발을 위해서 기본적으로 필요한 훌륭한 인간관계와 카리스마적 리더십의 요건 등을 예를 들어서 설명하고 있다.

리더십에서 필요한 것은 결국 신뢰와 비전과 열정 등 인간으로써 갖추어야 할 것을 예를 들어서 설명하고 있다.

리더는 비오는 날에 수채화 같은 스스로의 열정을 가지고 있어야 한다. 리더는 비오는 날에 수채화 같은 그 열정을 조직원들에게 불어 넣어야 한다.

리더는 조직원에게 비전을 제시 할 수 있어야 한다. 비록 위기시라도 낙천적인 마인드를 조직원들에게 보이면서 위기를 신속하게 대응해 나가는 위기관리 능력들이 필요하다.

리더에게 가장 필요한 것은 신뢰성이다. 신뢰는 도덕성과 책임감과 업무능력을 바탕으로 한다. 리더는 신뢰를 바탕으로 하는 리더십을 발휘하여야 한다.

인간은 불완전한 존재이다. 자신의 불완전성을 메우고 성공적인 삶을 살아가기 위해서 인간에게 필요한 것은 꾸준한 노력에 의한 자기계발이다.

이 책은 빛의 속도로 변해가는 주변 환경에 대해서 위기감을 느끼면서 살아가는 현대인들과 조직인들이 성공적인 리더십을 발휘하는데 도움이 되리라고 기대한다. 또한 세계화 시대에 서양문화를 이해하는데 도움이 되리라고 기대한다.

저자는 그 동안 대학생들과 기업인들을 상대로 인간관계와 리더십을 강의한 내용 등을 토대로 순수 이론적인 면은 견지하면서 실무적인 차원도 병행하여 이 책의 논리를 전개해 나가고 있다.

이 책의 출간을 위해 힘써주신 많은 분들께 감사의 말씀을 드린다. 특히 이 책의 출판을 위해 끝까지 수고해 주신 한올 출판사 임순재 사장님과 최혜숙 실장님 이하 출판사 여러분께 감사를 드린다.

2007년 8월
녹음이 우거진 개화산 기슭에서
유유히 흐르는 한강을 바라보면서
현대인들여! 부디 성공적인 삶을 누리기를
조 해 경

차·례

01. 어떤 인생으로 살아갈 것인가 / 1

02. 변화를 추구하는 인생 / 33

1

어떤 인생으로 살아갈 것인가

• 01

어떤 철학자로 살아갈 것인가

서양문명의 발상지인 그리스의 아테네에는 우리가 어떻게 살아가야할 지를 생각하는 조각품이 하나 있다.

바로 서양사회의 정신을 만들어낸 세 철학자.

소크라테스, 플라톤, 아리스토텔레스의 동상이다.

소크라테스는 땅을 내려다보고 있으며 플라톤은 하늘을 쳐다보고 있다.

반면 아리스토텔레스는 똑 바로 앞을 보고 있다.

소크라테스가 땅을 내려다보고 있는 것은 자기 자신을 알라며 인간의 겸손을 강조하며 인간은 부족하고 불완전한 존재이기 때문에 겸손하게 항상 고개를 숙이고 아래를 보면서 인생을 살아가야한다는 것이다.

그에 반해 플라톤은 이데아, 즉 이상사회를 원한 사상가이다.

플라톤은 소크라테스와는 대조적으로 인간은 신의 아들로서 완벽한 존재가 될 수 있다고 생각했기 때문에 그처럼 고개를 들어 하늘을 쳐다보고 있다.

한편 아리스토텔레스는 소크라테스처럼 너무 자신을 낮추거나 플라톤처럼 이상만 볼 게 아니라 똑바로 앞을 바라보며 살아야 한다며 중용의 도를 원하고 있다.

이 세 명의 철학자가 실제로 걸어간 삶은 어떠했는가?

지나치게 겸손을 강조한 소크라테스는 항상 걸인 같은 차림으로 아테네 광장을 누비며 집에서는 악처에게 무시당하며 살았다.

결국 소크라테스는 "악법도 법이다."라는 말만 남기고 사형을 당했다.

플라톤의 삶은 어떠했는가? 그는 이상주의만을 강조한 나머지 결혼도 하지 못했다. 플라톤은 동성연애자가 되어버렸다.

플라톤이 원하는 완벽한 이상형의 여성이 없었기 때문이다.

오늘날 말하는 플라토닉 러브는 현실과는 괴리가 있는 사랑이다.

세 명의 철학자중 중용의 도를 주장한 아리스토텔레스는

인생을 모나지 않게 살기를 원했으며 본인도 그러한 삶을 살았다.

현재 서양사상의 주류를 이루는 것은 아리스토텔레스의 사상이다.

동양사상의 주류를 이루고 있는 공맹사상 역시 중용의 도를 중시했다.

인생을 살아가면서
소크라테스가 될 것인가
플라톤이 될 것인가
아리스토텔레스가 될 것인가
선택은 자신에게 달려 있다.

• 02

예술과 인생

플라톤은 그의 향연에서 인생을 예술에 비유하고 있다. 인도의 시성 타고르는 "인생은 짧고 예술은 길다."라는 말로서 인생과 예술을 비교하고 있다.

예술과 인생에 대해서 우리는 많은 것을 생각하고 있다. 예술은 인생에서 재미를 불어 넣어 준다. 예술은 재미가 전부가 아니다. 예술은 인생에서 즐거움을 불어 넣어 주지만 즐거움자체가 예술은 아니다. 예술은 인생에서 신명을 일으켜야 하지만 신명은 예술은 아니다. 예술은 사진같이 정교한 기술을 필요로 하지만 정교한 기술은 예술이 아니다. 예술은 깊이 있는 사고를 담고 있다.

음악과 미술은 예술을 대표하고 있다. 미술은 화판 속에다 인생의 아름다움과 비판과 사고와 영감을 담고 있다. 음악은 작곡가의 영감과 연주자의 공감과 감상자의 감동을 통해서 인생의 희로애락과 아름다움을 묘사하고 있다. 미술은 인간의 시각을 통해서 음악은 인간의 청각을 통해서 인생사를 표현하고 아름답게 인생사를 풀어나간다.

건축은 정교한 공학을 토대로 한 조형예술이다. 조형예술은 공간을 창조한다. 조형예술이 창조하는 공간의 궁극적인 목표는 인간의 정서이다. 정서적 분위기를 조성하고 정서적 기능이 살아나는 명상의 공간은 훌륭한 조형예술을 기반으로 한다. 건축은 조형예술을 토대로 인간의 휴식처와 장소를 동시에 창조하는 가치에다 궁극적인 목표를 두고 있다.

인생은 아름다운 예술이다. 인생은 미술과 음악과 건축의 조형예술이다. 미술이라는 눈에 보이는 화판 속에다 자신의 현재 행하고 있는 일들을 그려나가고 있다. 자신이 과거에 한일은 화판에 이미 그려졌지만 현재와 미래는 앞으로 빈 화판에 그려나가야만 한다. 과거에 대해서 잘못 그린 그림은 다시 지워서 그리면 된다. 미래는 더욱 아름답고 밝으며 화려한 색상과 영감을 가지고 그려 나가면 된다.

음악은 시각을 넘어서 작곡가라는 인생의 설계사를 통해서 연주자와의 공감대를 형성해서 인생을 아름다운 방향으로 꾸며 나간다. 음악을 통해서 인생에서 무한히 아름답고 무한하게 동경하고 무수히 아름다움을 창조해 나갈 수 있다.

미술은 눈을 뜨고서 인생을 설계하고 자아를 비판하고 새로운 꿈을 창조해 나간다. 음악은 눈을 감고서 청명의 그늘 아래에 물 흐르고 아름다운 새의 노래를 통해서 인생의 미래를 꿈꿀 수 있다.

건축의 조형예술은 실생활이라는 현실 속으로 날개를 달고 날아들어 간다. 그 속에서 우리는 우리가 필요로 하는 아름다움의 정서적 공간을 찾는다. 정서적 공간을 통해서 인생이 필요로 하는 참 가치를 창조해서 인생의 삶을 꾸며 나간다.

예술의 궁극적 가치와 목표는 인생을 예술을 통해서 인간은 더욱 풍요로운 삶을 살아 갈 수가 있는 것이다. 인생은 예술이라기보다 예술을 통해서 인간은 더욱 활기 찬 미래를 형성해 나갈 수 있다.

인생의 아름다움은 예술을 통해서 이루어진다. 인간이 아름다운 것은 인간이 가지고 있는 존재 그 자체가 아니다. 인간은 존재라는 시각적인 차원을 넘어서 영감과 공감과 감동을 통해서 인생을 한 계단식 올라가는 것이 아름다운 것이다. 아래에서 올려다보면 어지러울 정도로 현기증이 나는 무수히 높은 계단을 한 계단씩 즐겁게 발을 디디는 곳에 인생의 삶의 가치가 존재하는 것이다.

현대를 살아가는 사람들은 인생을 예술과 같은 삶을 살아감으로써 보다 희망찬 미래를 꿈꿀 수 있지 않나 하는 생각이 든다.

• 03

리더십은 예술중의 예술

아리스토텔레스는 "인간은 사회적 동물"이기 때문에 절대로 혼자서 살 수가 없으며 죽는 날까지 사회생활을 하여야만 하는 운명을 타고 났다고 한다. 장자크 루소는 그의 "고상한 야만인"에서 인간은 자연 상태에서는 생존할 수 없기 때문에 인간의 근본은 정치로 시작해서 정치로 끝난다는 것이다. 루소가 말하는 정치란 통치술인 리더십을 말한다.

사회생활을 해 나가기 위해서 사회생활에서 필요한 것이 리더십이다. 리더십이 인생에서 점차적으로 더욱 더 큰 비중을 차지하고 있다. 리더십이란 바로 인간관계를 바탕으로 하고 있다.

아리스토텔레스의 스승이자 소크라테스의 제자인 플라톤

은 통치술을 예술중의 예술로 보고 있다. 플라톤은 그의 명저 "공화국"에서 통치술에 대해서 상당한 비중을 두고 있다. 플라톤은 최고의 통치자는 철인이어야 하는 철인통치 정치를 주장하고 있다. 철인은 "덕이 곧 지식이다."라는 덕을 바탕으로 한 통치를 하여야 하기 때문에 철인만이 훌륭한 리더십을 발휘할 수 있다는 것이다.

플라톤은 통치술을 철인이 대중들에게 하는 통치술, 장군이 부하 군인들을 통치하는 통치술, 선생이 학생들에게 하는 통치술, 종교인이 교인들에게 하는 통치술, 의사가 환자에게 하는 통치술, 목동이 양들에게 하는 통치술등 여러 종류의 통치술에 대해서 논하고 있다.

통치술은 대상에 따라서 다르게 발휘하여야 한다. 만약 철인이 군인들에게 통치술을 발휘하는 경우에는 군인들에 맞는 통치술을 발휘하여야 한다는 것이다. 철인이 군인들에게 일반대중들에게 맞는 통치술을 발휘하는 경우 그 통치술은 효력을 발휘하지 못한다는 것이다.

플라톤이 말하는 통치술은 조직의 특성에 맞는 리더십을 발휘하여야 하며 자신의 위치에 따라서 다른 통치술을 발휘하여야 통치술이 효력을 발휘할 수 있다는 것이다. 플라톤은 통치술을 인간을 통치하기 때문에 가장 힘든 예술이며 예술중의 예술이라고 평가하고 있다.

플라톤은 통치술의 기본은 "덕이 곧 지식이다."라는 덕을 바탕으로 하는 리더십을 발휘하여야 한다. 덕은 지혜와 용기와 절제와 정의를 말한다.

현대조직은 리더십을 필요로 한다. 리더는 아주 특별한 경우는 타고난다. 구약에 나오는 이스라엘 민족의 초대 왕으로 추대된 사울이나 다윗왕의 아들 솔로몬은 타고난 리더들이었다. 이들의 리더십을 카리스마라고 한다. 카리스마는 솔로몬 왕이나 사울 왕과 같이 하늘에서 부여한 능력으로서 타고난 리더십을 가진 리더들을 말한다.

대부분의 사람들은 선천적으로 타고난 것이 아니라 후천적인 노력에 의해서 리더십이 만들어 진다. 대부분의 리더들은 자신의 노력에 의해서 리더십을 발휘한다. 훌륭한 리더는 플라톤이 말하는 것과 비교해서 지혜롭고 용기와 절제와 정의를 바탕으로 한 리더십을 공통적으로 요구하고 있다.

리더십의 기본은 결국 훌륭한 인간관계를 바탕으로 한다. 영국의 유명한 정치인 디즈레일리는 자신은 그들의 리더이므로 그들을 따라야만 한다는 말을 하고 있다. 리더이기 때문에 자신이 그들을 따라야만 한다는 지배자가 아닌 종으로서 섬기는 리더십의 중요성에 대해서 말하고 있다.

타고난 리더십에 대해서 최초로 카리스마라는 말을 사용한 막스 베버는 20세기의 카리스마는 색다른 생각과 아이디어로 조직을 이끌 수 있는 리더십을 말한다. 리더에게 필요로 하는 리더십은 열정과 용기와 비전이다. 라고 막스 베버는 리더십에 관한 정의를 내리고 있다.

현대의 막스 베버가 보는 리더십과 고대의 플라톤이 보는 리더십은 거의 일치하는 공통점을 가지고 있다.

그들이 주장하는 공통점은 열정과 용기와 비전이다. 플라톤은 그의 유명한 "동굴 론"에서 리더는 수천 길 깊고 캄캄한 동굴 속에 갇혀서 쇠사슬에 묶여져 있는 사람들을 위험을 무릅쓰고 내려가서 그들을 구해서 밝은 세상으로 인도해야만 하는 의무를 지니고 있다. 이것은 리더는 위험한 동굴로 뛰어 들어갈 수 있는 용기를 가지고 있어야 한다는 것이다.

다음으로 리더는 동굴 속에 갇혀서 절망에 빠져있는 사람들에게 밝은 세상으로 인도할 수 있는 비전을 제시할 수 있어야 한다는 것이다. 마지막으로 리더는 동굴 밖으로 나온 사람들에게 비전을 제시함과 동시에 그들이 활발하게 활동할 수 있는 열정을 불어넣어야 하며 리더 자신이 열정을 가지고 있어야 한다는 것이다.

막스베버의 카리스마나 고대 플라톤의 통치술은 현대의 사회가 요구하는 리더십과는 공통점을 가지고 있다.

현대인들이 조직에서나 사회에서 훌륭한 인간관계를 바탕으로 한 리더십을 발휘하기 위해서는 자신이 스스로 조직의 특성과 위치에 맞추어서 자신에게 적합한 리더십을 끊임없이 계발해 나가야만 하지 않나 하는 생각이 든다.

• 04

일차원의 인간과 변화의 리더십

1960년대 미국사회에 가장 큰 영향력을 불러일으킨 사상은 프랑크프루트 학파인 허버트 마르쿠제의 "일차원의 인간"이 아닌가 싶다. "일차원의 인간"은 미국인들은 물질적으로 풍요로운 삶을 살아가지만 정신적으로는 황폐해서 아무런 희망이 없는 사회를 잘 묘사하고 있다.

마르쿠제의 사상은 마르크스와 헤겔 및 프로이드의 사상을 결합해서 만들어낸 네오마르크스주의 사상이다. 이차대전이후 미국인들은 전 세계 물자의 거의 반에 가까운 생산을 통해서 풍요로운 생활을 누릴 수가 있었다. 미국의 젊은이들은 풍요 속에서 정신적으로 방황하면서 삶에 대한 의욕을 잃어가고 있었다.

미국인들은 자본가의 딸이나 공장의 여직공이나 다 같은 고급 옷과 고급 화장품과 TV를 볼 수 있기 때문에 노동자들은 자본가들의 착취를 의식하지 못하고 그들의 노예가 되어 가고 있다는 것이다.

낡고 병든 사회를 과거에는 노동자들이 중심이 되어서 혁명을 통해서 바로 잡아 나갈 수 있었다. 그 당시 미국사회의 노동자들은 물질주의에 익숙해져서 변화를 원하지 않으며 노동자들에 의해서는 사회의 변화를 추구해 나갈 수가 없다는 것이다.

미국의 국민들은 정신적으로 피폐해진 일차원적 인간으로 전락해 버렸다. 이제 이 사회의 변혁을 주도해 나가야 하는 사람들은 바로 학생을 포함한 소수의 지식인들이 노동자를 선동하여 사회의 변혁을 주도해 나가야만 한다. 마르쿠제의 이론은 60년대 미국의 캘리포니아의 버클리 대학을 중심으로 불었던 히피족의 바람과 월남전의 반대 시위로 미국의 대학생을 비롯한 전 미국인들에게 변화의 바람을 불어 넣었다.

현대의 디지털 혁명으로 인해서 전 세계는 새로운 변화의 바람을 요구하고 있다. 조직의 형태도 새로운 형태로 변화를 하고 있다. 기존의 피라밑 형에서 종 모양에 럭비공을 올려놓은 모양으로 변해가고 있다. 조직에서의 조직원들도 변화의 바람에 맞추어서 변화를 시도해 나가야 살아남을 수 있다.

변화는 조직에서 팀장인 리더를 중심으로 조직원 개개인이 변화의 바람을 주도해 나가야만 한다. 조직원 스스로가 변화를 할 때 조직 전체의 혁신의 바람을 불러오고 국가 전체의 혁신의 바람을 몰고 온다.

마르쿠제가 보는 변화를 거부하는 세력은 현대의 조직내부에도 항상 존재하기 마련이다. 변화를 거부하는 사람들은 대부분 조직에서 보수주의 사고를 가진 변화를 싫어하는 조직원들이다. 조직에서 변화를 주도해 나갈 수 있는 사람들은 마르쿠제가 말하는 것과 같이 소수의 엘리트집단을 말한다.

조직에서는 혁신적인 성향의 우수한 조직원들을 선발하여 그들로 하여금 변화의 바람을 일으켜서 조직의 변화를 추구해 나가야만 한다. 변화의 주도에 영향력을 행사할 수 있는 최고 관리자들을 포함하여 변화를 주도해 나가야 한다.

마르쿠제가 주장하는 변화는 바로 현대사회의 변화를 말한다. 조직으로 보면 현재의 조직은 마르쿠제가 말하는 엘리트와 고급관리자를 중심으로 변화를 거부하는 조직원들을 설득하여 조직전체의 변화를 추구해 나가야만 조직을 보다 발전적인 조직으로 변화되어 질 수가 있는 것이다.

• 05

본질을 넘어서

실존주의 철학자 사르트르는 "실존은 본질에 앞선다."라는 말을 하고 있다. 인간의 본질에 대한 연구는 동서고금을 통해서 철학자들의 지속적인 연구대상이다. 특히 현대 실존주의 사상가인 하이데거나 사르트르는 현상학의 아버지 에드먼드 후설에게서 크게 영향을 받았다. 현상학이란 한마디로 요약하면 인간의 순수한 본질을 파악하고 인간이 보이지 않는 이면과 속 면을 그대로 묘사해 내는 학문이다.

인간은 누구나 다 태어나는 순간부터 주변 환경의 영향을 받으면서 살아간다.

영국의 극작가 쉐익스피어는 인간은 태어나는 순간부터 무대의 막이 열리면서 자신이 주역배우이고 다른 사람들은 지켜보는 방청객이라고 표현하고 있다. 무대의 막이 열리면서 주역배우로서 연극을 하다가 무대의 막이 내리면서 삶은 마감한다. 결국 무대는 자신이 주인공이 되어서 활발하게 연극을 하다가 결국 막을 내리고 사라져버린다.

사르트르의 "실존은 본질에 앞선다."라는 말을 다시 금 생각해 보자. 그에 의하면 인간은 태어날 때는 누구나 동그라미 모양이든 육각형의 모양이든 각 각 다른 빈 그릇으로 태어난다. 그 빈 그릇이 바로 본질인 것이다. 인간은 태어나면서부터 스스로가 자신의 빈 그릇을 채워나가야만 한다. 그 빈 그릇을 어떻게 채우는가에 따라서 인간의 실존은 형성되어진다.

인간은 태어나서부터 죽는 날까지 변화를 계속하게 된다. 그 변화의 폭은 인간의 행동폭에 따라서 달라진다. 이것은 인간의 실제 행동이 타고난 재질보다 중요하다는 의미이며 후천적인 노력이 선천적인 재능보다 중요하다는 것을 의미한다.

사르트르와 동시대의 실존주의자 하이데거는 존재와 시간에서 시간의 상대성을 논하고 있다.

인간에게 시간은 사용하기에 따라서 달라진다. 2시간의 노력으로 8시간의 효력을 볼 수가 있는가 하면 8시간의 노력으로 2시간의 효과 밖에 볼 수가 없는 경우가 있다. 세계 제일부자 빌 게이츠보다 더 많은 노력을 한다고 해서 게이츠보다 더 부자가 된다는 법은 없다.

우리 인간은 누구나 다 시한부 인생을 살고 있다. 인생은 한번 밖에 존재하지 않는다. 인생에서 연습이라는 사실은 존재하지 않는다.

시간의 상대성은 자신의 행동에 따라서 하루가 백일이 되기도 하고 10년이 100년 될 수도 있다는 것을 의미한다.

현대를 살아가는 모든 사람들은 주변 환경의 변화에 도전을 받고 있으며 자신도 크든 작든 변화를 추구해 나가고 있다.

현대인들에게 요구되는 성공적 변화는 창조적인 변화와 도전정신을 요구하고 있다.

과거에는 주변 환경의 변화의 속도가 빠르지 못했다. 현대는 변화의 속도가 빛의 속도로 변화되어지고 있다. 이러한 변화에 적응해 나가지 못하게 되면 우물 안 개구리가 아닌 끓는 물속의 개구리가 되어서 자신이 의식하지 못하는 사이에 삶겨져 버린다. 과거의 우물 안 개구리는 죽지 않고 살아갈 수는 있다. 현대의 끓는 물속의 개구리는 생존 자체의 위협을 받게 된다.

현대사회에 살아 나갈 수 있는 합리적이고 성공적인 방법은 창조적인 마인드를 가지고 주변 환경의 속도에 맞추어서 변화를 추구해 나가는 풍요로운 삶이 필요하지 않을까 싶다.

• 06

실존의 아름다움

인간이 아름답다는 것은 인간이 가지고 있는 모양이 아름답다는 것을 의미하는 것이 아니다. 인간은 아름다운 존재로 태어나는 것이 아니라 존재해 가면서 아름다운 존재가 되는 것이다.

들라크로아의 "민중을 이끄는 자유의 여신"이라는 작품을 생각해 볼 수 있다. 이 작품을 통해서 우리는 지도자로서 공화정에 맞서서 민중을 이끌고 싸움터로 나가는 여인에게서 아름다움을 발견 할 수 가 있다. 작품속의 여인에게서 느낄 수 있는 아름다움은 바로 자유를 쟁취해 나가기 위해서 투쟁하고 있는 그 속에서 그 여인의 아름다움이 빛을 발하고 있는 것이다. 많은 군중을 이끌고서 자유를 쟁취하기 위해서 투쟁하고 있는 그 정신 속에서 우리는 한 인간의 아름다움을 발견 할 수 있다.

프랑스의 육체파 여배우 브리짓 바르도와 지성미의 영국 배우 잉글릿 버그만은 그들이 가지고 있는 육체적인 외모만으로는 아름다움을 느낄 수가 없다. 그들은 배우라는 의식 속에서 관중들에게 아름다움을 보이려고 노력하는 목적의식 속에서 그들의 진정한 매력과 아름다움을 찾을 수 가 있는 것이다.

인생도 마찬가지 이다. 자신의 목표를 향해서 꾸준히 노력하고 실패와 성공을 거듭하는 과정에서 우리는 그 사람으로부터 존경과 아름다움을 발견할 수가 있다. 바위거인 이야기를 통해서 인생이 어떤 것이라는 것을 알 수 가 있다.

인생을 살아가면서 다른 목적으로 돈을 벌고 사회적으로 성공을 했다고 자부하는 사람이 여기에다 또 다른 자신의 욕심으로 고향을 위해서 일하겠다고 찾아온 사람에게서는 아무런 아름다움을 발견하지 못했다. 자신이 태어난 고장에서 주민과 함께 주민을 위할 목적으로 살아가는 평범한 사람에게서 주민들이 진심으로 바라고 원하던 바위거인의 아름다움을 발견할 수 있는 것이다.

인간의 얼굴은 자신이 책임을 져야 한다는 말이 있다. 자신의 얼굴이 자신이 살아온 경력을 낱낱이 묘사하고 있다. 교도소에서 수감생활을 한 사람의 얼굴에서 전과자라는 낙인 찍힌 얼굴 모양을 보여주고 있다. 고매한 성직자는 성직자로서 절제와 금욕으로 살아온 인생의 경로를 얼굴에 자세하게 기록되어져 있다.

어느 유명한 심리학의 석학은 그가 가르치는 여학생들에게 얼굴이 아름다워지고 싶으면 성형외과에 가서 성형수술받아서 자신을 아름답게 만들 것이 아니라 도서관으로 가서 마음의 아름다움을 가져다주는 책을 열심히 읽으라고 말한 적이 있다.

그 심리학자의 말은 인간의 아름다움은 육체적인 아름다움에서 나오는 것이 아니라 인생의 목표를 세우고 그 목표를 향해서 열심히 노력하는 과정에서 아름다움이 내적으로 형성되어 진정한 외적인 아름다움이 나타난다는 것을 의미한다.

오늘날 과학과 기술의 발달로 인해서 많은 사람들은 주변의 어지러운 변화와 똑같은 모습으로 어지러운 얼굴 모양을 하고 다닌다. 자신의 어지럽고 좋지 않은 인상을 발달된 의술의 힘을 빌려서 성형을 하는 사람들이 늘어나고 있다. 그 성형의 힘은 한계에 직면하고 있다. 여성들은 코를 높이고 눈에 쌍까플을 쉬우고 유방을 확대하는 성형수술을 받는다.

그들의 얼굴은 겉으로는 자신이 아름다워 졌다는 자아 만족감에 불과하다. 주변의 보는 사람들은 그 사람으로부터 아무런 새로운 아름다움을 발견하지 못한다. 오히려 자신이 과거에 가지고 있던 자연적인 아름다운과 매력을 상실했다는 느낌만 주고 있다.

들라크로아의 "민중을 이끄는 자유의 여신"이 보여주는 투쟁의 목표를 향해서 앞장서서 목표를 향해서 매진해 나가고 있는 여인이 드러내고 있는 젖가슴에서 우리는 한 인간으로서 진정한 아름다움을 느낄 수가 있는 것이다. 그 아름다움은 여성이 가지고 있는 모성애를 비롯하여 여성이 남성과 다른 여성 본연의 아름다움을 동시에 느낄 수가 있다. 성형수술로 유방을 확대하고 아무런 목적의식을 가지고 있지 않은 여성으로부터는 우리는 상스러움 이외에는 아무런 아름다움과 매력을 느낄 수가 없다.

인간은 그 자체로는 동물과 다른 아름다움은 가지고 있지 못하다. 진정한 아름다움은 자신이 인생의 아름다운 목표를 세우고 그 목표를 향해서 매진해 나갈 때 인간의 순수한 아름다움을 발하게 되는 것이다.

현대인들에게 필요한 것은 발달된 성형의술에 의존할 것이 아니라 인생의 뚜렷한 목표와 가치관을 확립하고 목표를 향해서 좌절과 실패를 극복하고 성공을 향해서 노력해 나갈 때 진정한 자신의 아름다움을 발견 할 수 있다고 생각된다.

• 07

위기의식과 성공신화

일본의 도요다가 세계 최대의 자동차 다국적 기업인 제너럴 모터스를 제치고 세계 판매고 1위를 차지하게 되었다. 일본의 쇼 이치로 도요다 사장은 한때 슬럼프에 빠졌던 도요다가 세계 제1위의 자동차 기업을 탈환한 것은 항상 가지고 있는 위기의식의 결과이다. 라고 한마디로 말하고 있다. 위기의식이 일본 도요다의 성공신화를 창조한 것이다.

얼마 전 식모에서 하버드까지 간 "나는 희망의 증거가 되고 싶다."라는 저서로 우리에게 알려진 미군 소령 서진규 박사의 이야기는 우리에게 위기가 얼마나 큰 힘을 부여하는지를 실감나게 하고 있다.

서진규 박사는 한국이 개발단계에 있던 70년대 초에 가발

공장의 여직공과 미국인 집의 식모로서 출발하여 미군 장교를 거쳐서 하버드대학에서 역사학으로 박사학위를 받은 입지전적인 인물이다. 서 박사는 당시 성적으로나 인종적으로 차별화가 심했던 미국사회에서 아메리칸 드림을 이룬 여성이다.

그녀의 성공비결은 한마디로 항상 위기의식을 가지고서 극한 상황인 죽음을 생각하고서 매사를 추진해 나간 것이 결국 자신의 성공 신화를 일구어낸 원동력이라는 것이다.

서 박사와 쇼 이치로 도요다의 공통점은 항상 위기의식을 가지고서 업무에 임했다는 것이다.

인간은 불완전한 존재이다. 불완전하기 때문에 죽음의 상황이 닥치는 경우 인간은 완전에 가까운 가능성을 가지고 있다. 자신이 위기감을 느끼면서 일을 추진 할 때와 그냥 평안한 상태에서 업무능률의 효과는 하늘과 땅 차이이다.

전쟁에서도 뒤에 배수진을 치고서 싸운 전쟁은 승리를 한다. 항우와 유방과의 역사적인 전쟁은 뒤로 물러설 곳이 없는 전쟁에서 인간의 능력은 무한정 잘 할 수 있다는 것을 보여 주고 있다. 쫓기는 자와 쫓는 자의 경우도 마찬가지이다. 쫓기는 사람은 평소에는 감히 엄두도 못 낼 정도의 속력에다 아무리 높은 담도 넘어가고 수 십 길 언덕에서도 뛰어내리는 초인적인 힘을 발휘한다. 느긋한 마음으로 쫓는 자는 결코 초인적인 힘은 감히 엄두도 못 낸다.

인간은 위기에 몰리면 무한대로 잘 할 수 있는 초인적인 인간이 될 수 있는 상대적인 존재이다. 현대인들은 자신이 의식하지 못하지만 사실상 누구나가 다 위기 속에 살고 있다. 단지 자신이 그 위기의식을 감지하지 못하고 살아가고 있을 뿐이다.

쇼 이치로 도요다 사장이 한 항상 위기의식을 가지고서 업무를 추진해 나간 것이 세계 최고의 자동차 기업으로 성장시킨 원동력이 되었다는 말을 우리는 마음속에 새겨야 할 필요가 있다. 자신의 평범함은 위기감을 만들지 않는 자신의 무사 안일한 사고에 있다.

현대를 살아가는 현대인들은 항상 위기감을 고조시켜 나간다는 쇼 이치로의 말을 다시 한 번 명심할 필요가 있지 않나 하는 생각이 든다.

• 08

수양산 그늘이 강동 팔 십리

"수양산 그늘이 팔 십리를 간다."라는 말이 있다. 수양산은 중국의 명신 백이와 숙제가 나라가 망한데 대해서 두 임금을 섬길 수 없다면서 수양산에 들어가서 고사리를 캐먹다가 굶어서 죽은 이야기로 유명하다. 조선 초의 명신 성삼문은 단종을 폐위시키려는 수양대군에게 반기를 들면서 수양산 이야기를 하고 있다.

"수양산 그늘이 강동 팔 십리"라는 말은 수양산의 경관으로 인해서 주변의 경치가 아름다움을 유지하고 있다는 것이다. 수양산의 그늘은 인간사회를 살아가는데 어느 큰 사람의 도움으로 인해서 주변의 많은 사람들이 덕을 본다는 것이다.

부모나 주변의 친척들의 도움으로 인해서 인간의 성공이 크게 도움을 받고 있다는 말이다. 가족중심으로 사회를 형성하고 있는 동양사회에서는 주변에 큰 인물이 나타나면 자기와 가까운 가족이나 친인척을 비롯하여 잘 아는 지인들에게 크게 도움을 주어서 그들의 도움으로 잘 먹고 잘 살아간다는 말을 의미한다.

"팔이 안쪽으로 굽는다"라는 말이 있다. 인간은 누구나 자신의 혈육에 대해서 뻗어나갈 수 있도록 도와주고 싶어 한다. 부모는 자식이 성공할 수 있도록 간절하게 소망을 하고 자식을 위해서 헌신을 한다. 문제는 성공적인 인간이 되기 위해서는 수양산 그늘에 의존하는 사람은 성공을 하지 못한다는 것이다.

같은 종류의 화초를 두 개 사다가 한 화초의 화분에는 물을 지속적으로 주고 다른 화초에는 물을 이주일 동안 주지 않고서 이주일 후의 화초들을 보면 어떠한 현상이 나타날까.

물을 계속해서 꾸준히 주고 고이 가꾼 화초는 그냥 평범하게 자라나고 있다. 이 주일 동안 물을 주지 않은 화초는 뿌리가 물을 찾아서 깊숙하게 파고 내려가서 아주 강한 뿌리로 변해 있다. 물을 주지 않은 화초는 웬 만큼 큰 가뭄에는 잘 살아난다. 반면 물을 지속적으로 주고 곱게 키운 화초는 가뭄이나 병충이나 바람 등에 대해서 저항력이 약해서 조금만 어렵게 되면 얼마 못가서 죽어 버린다.

인간도 마찬가지 이다. 부모의 그늘로 인해서 걱정 없이 자란 사람은 조금만 어려움이 부딪쳐도 견디어 내지를 못한다. 수양산 그늘이 의미하는 참뜻은 인간이 훌륭한 사람의 그늘로 인해서 편안하게 잘 살아 나간다는 것을 의미한다.

인간 세상은 희로애락의 수많은 변화 속에서 살아가고 있다. 이러한 변화는 때로는 강한 비바람과 소용돌이를 동반하고 있다. 인간 세상을 등진 성직자등을 제외하고는 누구나다 폭풍우를 경험해야만 하는 운명에 노출되어져 있다. 부모의 도움으로 순풍에 돛을 단 인생은 강한 폭풍우와 거센 파도 속에서 살아남을 수 있는 지혜와 방법과 인내심이 없다. 처음부터 자기 스스로 인생을 개척해 나간 사람은 폭풍우와 거친 파도 속에서 살아남는 지혜를 터득해 낸다.

고이 가꾼 금잔디는 겨울 추위에 이기지 못하고 죽어 버린다. 막 밟고 짓이겨서 거칠게 내버려둔 잔디는 아무리 혹독한 추위에도 견디어 내고 자라난다. 인간도 마찬가지이다. 강한 부모의 그늘에서 자란 아들치고 부모만큼 강하게 된 사람은 드물다. 유명 인사들의 자손들은 그 부모의 그늘에서 묻혀서 크게 되지를 못한다. 인간은 자신이 도움을 주면 반드시 자신의 손아귀에 넣어 두고서 벗어나게 하지 못하게하는 본능을 가지고 있다. 도움을 준 사람과 도움을 받은 자는 모두 그 울타리를 벗어나지 못 하기 때문에 그 그늘로부터 벗어나서 크게 성장을 하지 못한다.

서양에서는 동양과 달리 부모나 친인척의 그늘이 크게 작용을 하지 않는다. 서양인들이 가지고 있는 개인주의 정신에서 비롯되기 때문이다. 한국을 비롯하여 중국 등 동양사회에서는 "수양산 그늘이 강동 팔 십리"라는 말을 크게 믿고 있다.

현대의 세계화 시대에는 수양산 그늘이라는 말은 사라져야 한다. 만일 부모나 친인척이 도움을 주려고 한다고 할지라도 그 도움을 받지 않고 스스로 자립해서 한 단계 한 단계 밟아 올라가는 정신이 필요한 시대이다. 이러한 시대적인 요구에 맞추어서 부모나 장인 장모 등 친인척의 도움이 아닌 스스로 문제를 해결하겠다는 정신자세부터 가져야 한다고 생각된다.

• 09

인간의 장 · 단점

같은 물이라도 소가 마시면 젖이 되고 뱀이 마시면 독이 된다는 말이 있다. 돼지에게 아무리 좋은 노래를 열심히 가르쳐도 돼지 목 따는 소리밖에 들을 수 없다는 말이 있다. 인간은 누구나 다 불완전성을 가지고 태어났다. 이 말은 인간은 누구나 다 장점과 약점을 가지고 있다는 것이다. 천지 창조주인 하느님이 인간에게 공평하게 재능을 주었다는 것을 의미한다.

현대 사회학자들은 현대사회에서 필요로 하는 사람은 3가지의 재능을 가지고 있어야 한다고 말하고 있다.

첫째 재능은 현대인은 자신이 종사하는 업무에 있어서는 다른 사람이 따라오지 못할 정도로 전문화된 전문성을 가지고 있어야 한다. 자신의 업무에 대해서 만큼은 전문가가 되어야 한다는 것이다. 자신의 업무에 대해서 많은 노력을 기울여서 자신만의 노하우를 창출하는 숙련공이 아닌 전문가를 의미한다.

다음으로 현대인은 자신의 업무가 아닌 다른 분야에서도 반 전문가가 되어야 한다는 것이다. 과거에는 자신이 종사하는 분야이외의 분야에 대해서는 문외한이라도 별로 상관이 없이 살아 나갈 수 가 있었다. 현대사회에서는 다 방면으로 어느 정도는 알고 있어야 한다는 것이다.

마지막으로 현대인은 정이 많은 따뜻한 마음씨를 가진 사람이어야 한다. 과학과 기술의 발달로 인해 모든 사람들이 마음이 차가워지고 있기 때문에 마음이 따뜻한 사람이 필요한 시대가 되었다.

이것들은 현대인으로 살아남기 위한 기본적인 것들이다.

인간의 성공을 위해서 진정으로 필요로 하는 것은 자신의 강점과 약점을 살려서 계발해 나가는 일이다. 인간은 누구나 다 강점과 약점을 가지고 태어났다. 세계적인 물리학자 아인슈타인이 자신의 강점을 일찍 발견하지 못했더라면 그는 대학도 입학하지 못했을 것이다. 아인슈타인은 고등학교에서 물리이외에는 전부가 다 낙제점수를 받아서 대학에 정상적으로는 들어 갈 수가 없었다. 대부분 성공하는 사람들은 자신이 가지고 있는 자질을 살려서 지속적으로 계발해 나갔기 때문에 성공을 한 것이다.

자신이 가지고 있는 장점은 비록 늦게나마 발견을 했다면 빨리 서둘러서 집중적으로 계발해 나가야 한다. 인생에서 늦었다고 생각하는 시기가 빠른 시기이다. 자신의 자질을 계발하는 경우에는 무한대로 거의 완벽에 가까우리만큼 발전 할 수가 있는 것이다.

인간은 누구나 다 팔방미인이 될 수가 없는 것이다. 자신의 장점이 무엇인지를 빨리 파악해서 그쪽으로 파고들어 가게 되면 성공의 지름길이 눈에 보이게 된다. 대부분의 사람들이 그러하듯이 자신이 좋아하는 분야에 종사하게 되면 인생에서 행복을 느끼게 된다.

인생에서 늦었다고 생각되는 시기는 없다. 죽는 날까지 인간은 방향을 전환하여 성공할 가능성이 있는 것이다. 비록 자신이 늦은 감이 있다는 생각이 들더라도 자신의 강점이라고 생각되면 그쪽으로 방향을 전환하는 것이 어떤가 생각된다.

2

변화를 추구하는 인생

• 01

끓는 물속 개구리

과거에 우리는 우물 안 개구리라는 말을 자주 사용하였다. 최근에는 끓는 물속의 개구리라는 말이 더욱 많이 사용되고 있다. 개구리 두 마리를 산에서 잡아와서 두 마리를 각각 다른 솥에다 넣고서 한 마리는 0도부터 시작해서 서서히 온도를 높여 나가면서 섭씨 25도 정도까지 온도를 높이면 개구리는 즐겁게 물속에서 헤엄을 치고 논다. 계속해서 온도를 높여나가면 개구리는 물의 온도가 뜨거워지는 지는 것을 의식하지 못하고 그대로 삶겨져 버린다. 또 다른 한 마리의 개구리는 끓는 물의 다른 솥에다 집어 넣으면 그 개구리는 본능적으로 물이 뜨겁다는 것을 알고서 물 밖으로 뛰어나와서 살아난다.

우리는 이 과정의 실험을 통해서 끓는 물속에 바로 집어 넣은 개구리는 살아나고 반면에 찬물에 넣어서 서서히 온도를 높인 개구리는 주변의 온도의 변화를 의식하지 못하고 삶겨서 죽어 버린다. 이 실험을 통해서 알 수 있듯이 주변 환경의 변화를 의식하지 못하는 사람들은 끓는 물속의 개구리처럼 도태되어져 버린다.

현대의 모든 사람들은 주변의 환경의 변화의 트랜드를 정확하게 읽고서 대응해 나가야만 한다. 기업과 국가도 마찬가지 이다. 국가의 경우 한국과 일본과 중국의 경우를 생각해 볼 수 있다. 산업혁명을 시점으로 동양과 서양 문명은 변화의 속도를 달리한다. 산업혁명을 발판으로 서양 문명은 동양 문명을 앞지르면서 서양은 강대국이고 동양은 약소국으로 변화를 하게 된다. 이러한 국제정세의 변화에 대해서 동양 삼국 중에서 가장 잘 대응해 나간 나라가 일본이다.

중국과 한국은 주변 환경의 변화를 의식하지 못하고 문호를 개방하지 않았다. 일본은 1853년 미국 페리제독이 타고 온 증기군함 흑룡 호에 매력을 느끼고 다음해인 1854년에 바로 미국과 통상수호조약을 체결하고 서양의 문물을 받아들인다. 일본의 천왕 메이지는 스스로 상투를 자르고 메이지 유신을 통해서 서양 각국들의 장점만을 받아들였다.

일본은 미국과의 통상조약 40년 후인 1894년에 청일전쟁을 일으켜서 동양의 최대강국인 중국을 격파하고 또 다시

10년 후인 1904년 유럽 최강의 육군국인 러시아를 러일 전쟁에서 승리함으로써 세계 5대 강국에 들어서게 되었다.

일본이 동양 3국 중에서 가장 먼저 개혁에 성공을 할 수 있었던 것은 주변의 환경의 변화를 빨리 읽고서 잘 대응해 나갔기 때문이다.

하버드 대학의 동양역사학 분야의 석학인 존 페어뱅크 박사는 동양 3국인 중국, 한국, 일본 중에서 일본이 가장먼저 개혁에 성공을 거둔 원인은 일본인들의 강한 모방정신과 강한 민족국가정신에 기인하고 있다는 것이다. 중국과 한국이 개혁에 실패한 원인은 강한 사대주의와 보수주의 및 가족주의 정신에 기인하고 있다는 것이다.

현대인들은 빛의 속도로 변화되어지고 있는 주변 환경의 변화에 대해서 민감하게 대응해 나가야만 살아남을 수 있다.

과거에는 주변 환경의 변화를 의식하지 않고서 그냥 가만히 있기만 하면 우물 안 개구리로서 그냥 살아남을 수 있었다. 현대의 다국적 기업의 등장으로 인해서 전 세계는 국적이 없어져 가면서 약한 기업은 강한기업에 인수 합병되어져 버린다.

디지털 혁명으로 인해서 기업들은 생존해 나가기가 더욱 힘이 들어지고 있다. 조직과 조직원들은 다른 경쟁사보다 한발 앞서서 주변 환경의 변화의 트랜드를 정확하게 읽고서 경쟁사보다 한발 앞서서 변화를 추구해 나가야만 한다.

고객과의 관계에서도 디지털 혁명이후 조직과 고객과의 관계는 새로운 형태로 변화되어지고 있다. "고객이 왕이다." 라는 고객위주의 기업환경으로 변화되고 있다. 고객에 대해서 보다 정확하게 취향을 파악하고 고객이 원하는 모델이 무엇인지를 개발해 내어야 한다.

실존주의 철학자 사르트르에 의하면 인간은 태어나서 죽을 때까지 변화를 추구해 나가고 있다. 인간은 태어나면서부터 죽는 날까지 즉자대립과 대자대립을 사이에 두고서 끊임없는 변화를 시도해 나가고 있다. 인간이 실존하고 있다는 것은 바로 끊임없는 변화를 추구해 나가고 있다는 것을 의미한다.

우리가 추구해 나가야 할 변화는 주변 환경에 맞는 끊임없는 변화이다. 조직에서도 리더는 주변 환경과 자신의 위치에 맞는 리더십을 발휘하여야 한다. 고급관리자가 초급관리자 시절의 리더십을 그대로 유지하는 경우 조직의 파이프라인은 막혀져 버린다.

카멜레온은 적으로부터 생존을 위해서 몸의 색깔을 주변의 색깔에 맞추어서 변화를 지속적으로 추구해 나가고 있다. 현대를 살아가는 사람들은 주변 환경의 변화에 맞추어서 자신의 몸 색깔을 변화시켜 나갈 정도의 카멜레온과 같은 정신이 필요하다. 항상 주변 환경을 정확하게 읽고서 신속하게 변화를 추구해 나가는 삶을 살아가야 한다고 생각한다.

• 02

블량쇼의 공동체와 이병철의 경영철학

현대 프랑스 최고의 작가이자 철학자인 모리스 블랑쇼는 "수수께끼의 사나이 토마스"로 우리에게 잘 알려져 있다. 그가 학문적으로 끼친 영향을 떠나서 관심을 가지고 있었던 분야는 인간의 공동체에 대한 관심이다.

공동체는 원리나 기준과 이념의 동일성들을 전제로 하지 않고서는 생각될 수 없는가. 공동체는 항상 내재 주의적이고 전체주의를 바탕으로 하는가. 하는 문제에 대해서 관심을 가지고 연구를 하였다.

블랑쇼는 밝힐 수 없는 공동체에서 의도적이고 강압적으로 조직화된 공동체에서 배제되어온 공동의 영역을 연구의 대상으로 연구해 나가고 있다. 20세기 이후의 공동체와 우리의 관계에 대해서 급진적인 시각에서 논리를 전개해 나가고 있다.

조직과 인간과의 관계는 인간은 조직 속에서 잘 적응해 나가기 위해서는 조직이 가지고 있는 이념이나 특성과 기준을 잘 이해하고 있어야 한다.

조직은 조직마다의 각각 다른 이념과 특성을 가지고 있다. 한국을 대표하는 세계 다국적 기업인 삼성그룹의 경우 창업주 이병철 회장의 경영철학이 있다. 이회장의 경영철학을 보면 "조직이 사람을 움직이는 기업은 망하지만 사람이 조직을 움직이는 기업은 발전한다"는 철학이다.

이병철 회장의 이념은 "작은 일을 할 줄 모르면 큰일을 할 줄 모른다.", "큰일은 오히려 실수가 없다.", "큰일은 처음부터 준비를 단단히 하지만 작은 일은 준비를 소홀히 하기 때문이다."

삼성 이병철 회장의 시작은 작은 상품인 설탕과 모직 등의 작은 물품부터 시작한 것과 창업주의 정신과 연관이 있다.

인사문제에서 승진이나 해고보다도 채용을 중요시 했던 것은 한번 채용한 사람은 가능하면 해고를 하지 않고 회사를 위해서 일을 하도록 했다.

현대그룹 정주영 회장은 이병철 회장과는 다른 경영철학을 가지고 있다. 그는 건설이나 조선 등 큰일부터 시작하기 때문에 삼성의 이 회장보다는 덜 치밀하고 덜 꼼꼼한 스타일이다. 현대그룹을 대표하는 회사는 건설이며 삼성을 대표하는 회사는 무역회사인 물산이었다. 회사의 대표성을 보더라도 두 기업은 완전히 다른 기준과 특성을 가지고 있다.

이병철 회장은 인사문제를 가장 중요시하고 삼성의 가족들을 맞이하는 채용과정에서 필요로 하는 면접시험에는 아무리 바쁘더라도 직접 참관해서 낙점을 찍었다. 소문에는 이병철회장이 관상쟁이를 대동하고 면접장에 나타난다는 소문까지 나돌았다.

정주영 회장은 주먹 구구 식의 인사정책으로 갑자기 다른 회사의 경력사원들을 채용해서 중동으로 파견하는 등 인력관리를 삼성만큼 가족적으로 하지 못했다. 이러한 채용방식은 직원들이 회사에 대한 애사심이 적어지는 경향이 있다.

삼성 이병철 회장의 경영철학 중에서 가장 중요한 이념은 "정상에 올랐을 때 변신하라" 는 기업정신이다. 기업이 성공을 지속적으로 유지해 나가기 위해서는 성공을 해서 최고의 자리에 있을 때 새롭게 변신을 하여야만 한다는 것이다.

삼성은 1930년대 일제치하에서는 상회를, 50년대 6.25 한국동란 이후에는 설탕과 모직을, 70년대 조국근대화 개발기여에는 석유, 화학, 중공업, 80년대는 반도체, 유전공학, 컴퓨터, 소프트웨어 등으로 변신을 시도 하였다.

기업이 주변 환경과 시대를 읽지 못하고 변화를 하지 못하면 그 기업은 몰락하게 된다는 것이 이회장의 철학이다.

삼성그룹은 빅 3로 경쟁상대이었던 대우의 김우중 회장과 현대의 정주영 회장이 겪었던 그룹의 위기는 경험하지 않고 현재까지 한국을 대표하는 기업으로 서 있는 이유가 바로 변화의 정신 때문이다.

기업이 성공을 하기 위해서는 조직의 특성과 이념과 기준을 정확하게 잡아서 그 방향으로 몰고 나가야만 한다. 조직을 위해서는 전체주의와 내재주의가 경우에 따라서 필요하다. 조직의 생존을 위해서 조직원 개개인은 조직전체에 따라가고 흡수되어야 한다. 이 과정에서 조직원들을 가장 공정하게 관리하는 리더십이 필요하다.

삼성 이회장의 리더십은 현대의 조직에 몸담고 있는 최고관리자를 비롯하여 초급관리자에게 까지 조직에서 필요한 리더십이 무엇인가에 대한 교훈을 주고 있다.

현대를 살아가는 사람들은 자신이 몸담고 있는 조직에서 자신이 필요로 하는 정신이 무엇인지를 다시 한 번 생각해 볼 필요가 있지 않나 하는 생각이 든다.

• 03

킹 목사와 헬렌 켈러의 비전

인간에게 현실과 이상을 연결해주는 무지개 다리가 바로 비전이다. 인간은 비전을 통해서 자신이 마음속에 고이 간직하고 있는 고결한 꿈을 달성해 나왔다. 비전의 꿈을 통해서 인간은 희망의 날개를 펼쳐 나갈 수 가 있는 것이다.

정상적인 신체조건을 갖추지 못한 장애를 극복한 기적의 여인 헬렌 켈러는 "비전이 없는 것보다 장님이 되는 것이 오히려 낫다."라고 하였다. 헬렌 켈러 여사가 인류에게 보여준 교훈은 인간은 비전을 가지고서 자신의 목표를 향해서 나가면 자신이 품고 있는 꿈은 이루어 진다는 것이다.

20세기 초에 미국의 시카고는 인류 역사상 가장 큰 화재를 당한다. 시카고 대도시 전체가 불바다가 되었다. 모든 시민들은 실의에 차 있었다. 당시 한 석수장이가 나타나서 시카고 시민들에게 비전을 제시하고 비전을 공유하도록 하였다. 그 석공의 말은 "우리는 비전을 가지고 있습니다. 돌을 잘라서 초석을 만들고 그 다음에 건물을 만들면 됩니다. 시카고는 지금의 도시보다 훨씬 나은 도시가 되기 위해서 지금 불에 태우고 있습니다. 얼마 있으면 시카고는 세계최고의 신도시로 탄생할 것입니다."라는 비전을 제시하고 나섰다.

세계적인 경영 컨설턴트 워렌 베니스는 성공의 지름길을 비전에서 찾고 있다. 인간이 성공을 하느냐 못하느냐는 그 사람이 비전을 가지고 있는가 아닌가 여부에 달려 있다는 것이다.

인간은 꿈을 가지고 있을 때가 가장 행복하다. 꿈을 달성하기 위해서 노력해 나가는 과정에서 기쁨이 생기게 되는 것이다.

꿈을 달성할 수 있도록 도와주는 것이 비전인 것이다. 사람이 희망이 있는 사람인지 아닌지는 그 사람이 인생에서 올바른 비전을 제시할 수 있는 능력이 있는 사람인지 아닌지를 가지고 판단을 할 수가 있다.

가족 간에서도 가족 화합과 단결을 위해서는 공동의 비전을 만들어 나가야만 한다. 리더십에서도 훌륭한 리더는 부하들에게 비전을 제시하고 비전을 공유 할 수 있어야 한다.

인간이 자신과 사회의 발전에 가장 필요한 것은 바로 비전을 가지는 일이다. 비전이 없는 사회는 폭력과 범죄가 난무하는 사회로 변하게 된다.

1960년대 미국사회에서 젊은이들은 월남전 반대시위와 히피족의 등장 등 허무주의사회로 변하고 있었다. 젊은이들은 아무런 꿈을 가지고 있지 않았다.

전쟁참전에 대한 공포와 갑자기 늘어난 대학생 숫자로 인해 졸업 후의 실업 등 여러 가지 자신의 신상에 대한 두려움은 비전을 앗아갔다. 그들은 히피라는 허무주의 사상을 추종하기 시작하였다. 이때 등장한 인물이 바로 흑인 목사이자 사회 운동가인 마르틴 루터 킹 목사이었다.

킹 목사의 말은 "나는 꿈을 가지고 있습니다."라는 말로서 미국사회의 젊은이들에게 희망의 비전을 제시해 주었다. 킹 목사가 젊은이들의 가슴에 심어준 것은 밝고 희망찬 미래에 대한 비전을 제시한 것이다. 킹의 젊은이들에 대한 순수한 비전 제시는 당시 흑백간의 인종차별이 극치에 달했던 미국사회에 흑인과 백인이 모두 뭉칠 수 있는 계기가 되었다. 계기는 바로 비전이라는 다리를 통해서 흑인과 백인 모두가 밝은 사회를 희망하고 있었기 때문이다

비전을 가지고 살아가는 것이 얼마나 중요한가는 바로 킹 목사와 당시 미국 젊은이들과의 관계에서 알 수 있다.

현대를 살아가는 사람들이 필요로 하는 것은 비전이다. 고결한 꿈을 꾸고서 그 꿈을 달성하기 위한 비전을 가지고

있을 때 인간은 행복한 삶을 살아나가지 않나 하는 생각이 든다.

• 04

대인 배와 소인 배

현대의 복잡한 시대를 살아가는 현대사회에서 현대인들이 가져야 할 필요한 정신은 무엇인가를 한번 생각해 보면 대인 배 정신이 아닌가 싶다. 오늘을 살아가고 있는 대부분의 사람들은 대인 배에서 소인 배로 변해가는 삶을 살아가고 있다.

대인 배와 소인 배라는 말은 대인과 소인이라는 말에서 나왔다. 대인이란 선천적으로 키가 크고 몸집이 우람한 사람이라는 말이 아니다. 소인이란 말은 키가 작고 목소리도 작은 사람을 의미하는 것은 아니다.

역사적으로 보더라도 최근 중국을 실용주의와 근대화 혁명으로 성공시키고 얼마 전에 세상을 떠난 중공의 수상 등소

평은 5척 단구의 난장이를 겨우 면할 정도의 아주 작은 사람이었다. 고려 때 거란족을 물리친 강감찬 장군 역시 아주 작은 체구의 인물이었다.

키가 크고 체격이 크다고 대인이고 키가 작다고 소인이라는 말이 아니다. 강감찬 장군과 등소평은 누가 보아도 대인의 기질을 가진 인물이다.

대인 배란 어떤 인물이고 소인 배란 어떤 인물이가.

소인 배는 모든 것을 자기중심적으로 생각하는 사고를 가진 사람이다. 자기가 성공을 하지 못하고 실패한 원인을 전부 남에게 돌리는 사람을 말한다. 친구와 동업을 해서 사업에 실패하는 경우 친구에게 모든 책임을 떠넘기는 기질을 가진 사람을 말한다. 자신의 잘못도 있으면서 다른 사람의 기준에 맞추어서 그 사람이 모든 원인을 제공한 사람으로 만드는 사람을 말한다.

소인 배는 사회적으로 볼 때 이기적인 성격을 가진 사람들에게 나타나는 기질이다. 남과의 관계에서는 절대로 손해를 보지 않으려는 성격을 소유한 사람들이다. 인간관계에서는 원만하지 못한 성격의 소유자로서 자주 다른 사람들과 마찰을 일으킨다.

소인 배와 대인 배 사이에서 중인 배 기질을 한번 생각해 볼 수 있다. 중인 배 기질이란 사람이 모든 것을 타인중심으로 생각하는 기질을 가진 사람을 말한다. 타인이 잘못한 것도 자신이 잘못하여 그러한 결과가 발생하였다고 생각하는 기질을 말한다.

중인 배란 자기주관이 없는 사람이다. 다른 사람이 이것이 옳다고 말하면 그쪽으로 쏠려서 따라가는 사람이다. 모든 것을 타인 중심으로 생각하기 때문에 소인 배 기질을 가진 사람보다는 덜 이기적이기는 하다. 자기의 주관이 없이 일을 하기 때문에 회사나 조직에서 줏대가 없는 사람으로 욕을 얻어먹는 경우가 허다하다.

소인 배 기질을 가진 사람은 조직이나 회사에서 자기 부서만 챙기는 나무만 보는 리더십을 발휘한다. 중인 배 기질을 가진 사람은 조직이나 회사에서 다른 부서의 눈치를 보고서 다른 부서장의 말만 듣고서 팀을 이끌어 가기 때문에 타 부서와의 마찰은 없을런지 모르지만 결과적으로 자기와 자신의 팀원의 이익은 하나도 챙기지를 못하는 빈껍데기뿐인 리더십을 발휘한다. 중인 배는 숲과 나무 중에서 나무는 보지 않고 숲만 보고서 따라가는 기질을 가진 사람이다.

대인 배 기질이란 어떤 사람을 말하는가.

대인 배는 소인 배 들이 가지고 있는 자기중심적인 사고와 중인 배가 가지고 있는 타인중심적인 사고를 합쳐 놓은 기질을 가진 사람의 기질을 대인 배 기질이라고 한다.

자기중심적으로 생각해야 할 때는 한발 물러나서 타인중심으로 생각을 하고 타인중심으로 생각을 해야 하는 경우에는 한발 가까이 와서 자기중심적으로 생각을 하는 사람을 말한다.

대인 배는 그릇으로 말하면 그릇이 크기 때문에 아무리 많은 양의 물을 부어도 넘쳐지지가 않는 그릇이다. 대인 배는 남을 배려해야 하는 경우에는 솔선수범해서 남을 도와준다. 자신과 자신의 부서의 이익이 필요한 경우에는 목에 칼이 들어와도 목숨을 걸고서 추진해 나가는 기질이다.

현대조직에서 필요로 하는 리더십은 대인 배 기질을 요구하고 있다. 자신의 부하의 이익을 위해서 자신의 불이익을 감수하고서 상사에게 대적하는 기질도 대인 배 기질인 것이다.

대인 배는 소인 배와는 달리 숲과 나무를 동시에 보는 기질을 가지고 있기 때문에 장기적인 안목과 단기적인 안목을 동시에 볼 수 있는 식견을 가진 사람이다.

"우선 먹기 곶감이다" 식의 단기 순이익만을 생각하는 사람이 아니라 현재는 조금 손해를 보드라도 장기적인 이익을 위해서 느긋하게 참고 기다리는 기질을 가진 사람이다.

역사적인 인물들을 보면 조조와 유비 현덕과의 관계에서 알 수 있다. 유비 현덕이 조조의 종으로 들어가서 갖은 고초를 당하면서 고초를 참고 기다리는 장기적인 안목을 가지고 있었기 때문에 그는 명 장군을 거느리는 대인 배 기질의 카리스마를 발휘 하였다.

대부분의 카리스마를 가진 인물들은 대인배의 기질을 가

지고 있다. 그들이 가지고 있는 공통점은 부하를 다스리는데 절대로 한쪽으로 편애하지 않고 정당하게 다스리는 방법이다.

조직에서 자신의 사고와 행동이 비슷하다고 그 사람들만 편애하고 승진상의 혜택을 주고 하는 경우에는 조직은 금방 허물어져버리고 부하는 상관의 말을 듣지 않게 된다. 부하가 상사의 말을 우습게 여기고 상관의 말을 듣지 않는 경우는 소인 배 정신에서 나온 리더십에 그 원인을 찾을 수 있다. 소인 배 상사의 그릇으로는 부하들을 감당하지 못하기 때문에 그릇의 물이 넘쳐 버린 것이다.

풍요로운 삶을 살아가기 위해서 소인 배 기질을 가져야 할지 아니면 대인 배의 기질을 가져야 할지 다시 한 번 생각해 보았으면 한다.

• 05

융의 인생의 동시성과 인내

심리학의 거장 칼 융은 인간심리에서 인간은 자신과 상반되는 것을 소유한 사람을 좋아한다는 이론을 제기하고 있다. 융은 정신분석학자이자 의사인 거장 프로이드의 제자이다. 꿈과 성을 연관시켜서 인간은 종족보존을 위해서 키가 큰 여성은 키 작은 남성을 좋아하고 외형적 성격의 남성은 내성적 성격의 여성을 좋아한다.

남성과 여성의 이성간에는 서로 다른 성향을 가진 것을 선호하고 좋아하며 자석이 음과 양이 서로 끌어당기듯이 인간도 여성과 남성은 서로 다른 특성을 가진 사람을 좋아한다는 이론이다.

융의 이론은 동시성이다. 동시성은 서로는 서로로 연결

되어져 있다는 것이다. 인간은 인생으로부터 도전을 받고 있다는 이론이다.

자신은 매일 매일 무엇을 해야 하는지를 생각하는 것보다도 자신이 매일 무엇을 해 왔는지에 대해서 구속을 당하고 억압 속에서 살아가고 있다는 것이다. 매일 매일은 인생전체와 연관을 가지고서 억압과 구속을 요구하고 있다는 것이다.

자신이 꾸는 꿈속에서 자신이 방황하고 헤매는 것은 자신의 매일의 일상생활 속에서 과거에 반드시 했어야 할일을 충분히 하지 못했거나 앞으로 해야 할 일을 해야만 하는 구속감 때문에 꿈으로 나타난다는 것이다.

인생의 동시성은 우리가 무엇을 해야 하는가 보다는 우리가 인생에게 무엇을 제공하여야 하는가를 억압받고 있는 것이다.

자신이 오늘 무엇을 할 것인가는 자신이 이미 오늘 무엇을 해야만 하는 것을 무의식 속에서 억압을 받고 있는 것이다.

자신의 인생으로부터 억압은 자신을 잘못하면 자신에게만 집착을 하고서 남은 배려하지 않는 애고이스트로 변하게 된다. 애고이스트는 자기만을 생각하고 자신의 인생만이 존재하고 다른 사람의 인생에 대해서는 관심이 없는 생각이다.

애고이스트는 나르시스트로 변화를 거듭하게 된다. 자기집착에 빠져들어간 애고이스트는 다시 니르시스트로 변해서 자신의 속으로 빠져 들어가서 자신만의 인생을 설계하고 자신의 인생에 대해서 황홀해 하면서 자기도취에 빠져 들어 간다.

나르시스트는 허무주의와 직결되어져 있다. 그리스 신화에 나오는 신 나르시스는 자신의 아름다운 외모에 자기 스스로 반하고 도취되어서 연못에 비친 자신의 얼굴을 보고서 물에 빠져 죽어 버린다. 나르시스가 변해서 수선화 꽃이 되었다는 전설이 있다. 나르시즘은 결국 인생에서 요구받는 압박에 못 이겨서 허무로 변해서 생을 포기하는 허무주의로 변해서 자살을 한다는 것이다.

인간은 인생을 강요당하면서 더욱 더 강한 인간으로 살아남아서 무슨 일이라도 해결해 내는 인내심이 생긴다는 것이다. 인내심이 강한 인간은 초월적인 인생을 누릴 수 있다는 것이다.

이차대전 당시 유태인으로서 포로수용소에서 자신의 모든 가족이 몰살당하고 자신은 생을 포기하기 직전에 갖은 고통을 참아내면서 오직 살아남아야 한다는 생각에서 목숨을 건져서 심리학 분야에서 세계적인 석학이 된 빅톨 플랭클은 인간은 어떠한 극한 상황이라도 어려움을 극복할 수 있다는 주장을 하고 있다.

칼 융의 이론인 인생은 서로 연결되어져 있으며 인생이라는 의미로부터 인간은 질문을 하는 것이 아니라 질문을 당하고 있다는 말은 인간에게 중요한 의미를 부여하고 있다. 하루 하루를 살아가는 인간에게 필요한 것은 오늘 무엇을 했느냐에 따라서 미래가 연결되어져 있다.

오늘 한 일은 내일에 상당한 영향을 미친다. 내일 한 일 또한 모레에 영향을 미치게 된다. 그날 그날의 삶을 반성하고 더 나은 삶을 위해서 노력해 나갈 때 밝은 미래가 있다고 생각된다.

3

마음을 움직이는 인간관계

• 01

믿음의 인간관계

가수 김국환의 노래 타타타에서 "네가 나를 모르는데 난들 너를 알겠느냐."라는 노래가사의 구절을 읽을 수가 있다.

김국환의 타타타는 서로가 서로를 모르기 때문에 불신이 싹트고 친근감이 없으며 궁극적으로 훌륭한 인간관계를 형성할 수 가 없다는 것이다.

인간은 누구나 서로를 알기 전에는 서로에게 친근감을 주려고 하지 않는다.

70년대 미국영화를 대표하는 우디 알렌 감독의 영화 "애니 홀"에서 주인공 애니는 다이앤 키튼에게 인간관계에 대해서 자신이 가지고 있는 생각을 잘 묘사하고 있다. 애니에 의하면 인간관계는 상어와 같다고 할 수 있다. 인간관계는 끊임없이 앞으로 움직이지 않으면 죽어 버리고 만다. 지금 우리의 인간관계는 죽은 상어와 같다. 라고 애니는 표현하고 있다.

이 영화를 통해서 알 수 있는 것은 인간관계는 서로를 알고 서로와의 지속적인 관계를 통해서 이루어지는 것이다. 인간과 인간 사이에는 서로를 알기 전에는 좋은 인간관계를 형성해 나갈 수가 없다.

자신을 알고 믿을 수 있도록 상대방에게 자신을 알리는 일이 중요하다. 자신을 알리는 방법은 공식적인 채널을 통해서 알리는 방법이 있다. 자신이 살아온 경력을 담은 이력서를 보임으로써 상대방에게 접근하여 자신을 알리는 방법이다. 공식적으로 자신을 알려서 훌륭한 인간관계를 만들어 나가는 데에는 상당한 시간이 걸린다.

공식적인 말보다는 상대방에게 자신의 개인적인 사생활에 대한 이야기를 통해서 상대방에게 접근하는 경우 가장 효과적으로 상대방의 마음을 움직여서 빨리 인간관계를 맺을 수 있다.

상대방의 마음을 빨리 움직일 수 있는 인간관계는 상대방에게 솔직하게 말을해서 인간적으로 신뢰감을 주도록 하는 방법이 중요하다. 솔직하게 말함으로 인해서 상대방은 신뢰감을 느끼고 인간적으로 대할 수가 있는 것이다.

인간적으로 상대방에게 공감대를 형성해 나가게 되면 빨리 훌륭한 인간관계를 맺을 수 있다.

인간관계를 위해서 상대방의 마음을 움직이기 위해서는 자신의 희소성을 첨가할 필요가 있다. 자신이 상대방과의 관계를 맺음으로써 상대에게 덕과 보탬이 될 수 있는 사람이라는 것을 보여주어야 상대방의 마음을 움직일 수 있다.

유비 현덕은 자신이 추구해 나가는 중국 삼한통일을 위해서 제갈공명이 반드시 필요한 사람이라는 것을 알고서 삼고초려인 짚신을 세 번이나 고쳐 신을 정도로 오래 동안 갖은 정성과 성의를 들여서 인간관계를 맺는데 성공을 하였다.

인간이 살아나는데 그 사람이 성공을 하고 못하고는 그 사람이 맺고 있는 사람들을 보면 어느 정도는 짐작 할 수 가 있다.

주변에 훌륭하고 지혜로운 사람들이 많으면 인생에서 성공할 가능성이 크다. 진실성과 신뢰성이 없는 사람들과 인간관계를 맺고 있다면 성공할 가능성은 희박하다. 신뢰성이 부족한 사람들은 자신에게 백해무익이다. 이들은 자신을 이용하고 성공의 길에 방해 할 사람들이다.

이러한 부류의 백만 명보다는 현덕이 찾던 제갈공명과 같은 인품을 가진 한 사람이 더욱 소중하다.

인생을 살아가면서 필요한 사람의 마음을 어떻게 움직여서 훌륭한 인간관계를 맺어나가야 하는지에 대해서 다시 한 번 생각해 볼 필요가 있지 않나 하는 생각이 든다.

• 02

마마보이와 연상의 여인

마마보이와 연상의 여인. 현대사회의 전 세계의 남성들이 가장 선호하고 좋아하는 말이다. 현대의 남성들은 연상의 여인을 좋아하고 반대로 전 세계의 여성들은 연하의 남성을 좋아한다. 연상의 여인과 연하의 남성이라는 말은 현대인들이 가슴속에 자리잡고 있는 아름다운 그리움이자 낭만 중의 하나이다.

대서양을 드나드는 사람들에게 미국은 자유와 민주주의의 나라라고 손짓을 하고 서 있는 자유의 여신상을 만든 미국의 클리블랜드 대통령. 그는 전형적인 마마보이었다. 마마보이는 무엇이며 무엇 때문에 문제가 있는 사람으로 보는가.

마마보이는 일반적으로 성인이 된 다음에도 청소년기에

가지고 있던 어머니에게 의뢰하려는 의뢰심을 버리지 못하는 사람을 말한다. 마마보이들은 어머니로부터 칭찬을 받아야하며 어머니에게 회사나 사회의 일을 하나부터 끝까지 상의를 하여 어머니로부터 허락을 받아야만 안심하고서 일을 처리하는 남성을 말하다. 회사에서 상사나 부하 간에 갈등이 생기는 경우 쉽게 그만두는 스타일의 남성이며 직장에 오래 붙어있지 못하는 성격의 소유자들이다.

자연적으로 이들은 사회의 적응력이 약하며 인간관계가 원만하지 못한 애고이스트들이다. 다시 말하면 마마보이는 사회에서 크게 환영을 받지 못하며 조직에서 성공을 거두지 못하는 추진력과 결단력이 부족한 사람들이다.

그러면 현대인들 가운데 왜 많은 젊은 남성들이 마마보이가 되었을까.

여기에 대한 답변은 간단하다. 잘못은 부모에게 있다. 과거 세대의 부모들은 자식들이 많았기 때문에 자녀들 하나 하나에 신경을 쓰지 않았다. 현대의 부모들은 자식이 하나 아니면 둘로서 자식에게 대해서 지나칠 정도의 편애 증을 가지고 있다.

정신분석학자이자 의사인 프로이드는 "인간은 태어나는 순간에서부터 죽음에 이르는 순간까지 인간이 존재하는 동안 성적인 욕망에 의해서 행동한다"는 성적충동과 행동을 주장하고 있다. 프랑크푸르트학파인 허버트 마르쿠제도 그의 "에로스와 문명"에서 인간의 문명을 성의 억압에서 출발하고 있다.

프로이드는 인간은 태어나는 순간 생존하기 위해서 어머니 젖을 빨고 배변을 하는 것은 성적 쾌락을 추구하는 인간의 본능으로 보고 있다.

프로이드는 인간은 몇 차례의 단계를 거쳐서 성장하게 된다. 첫 번째 단계가 바로 항문기로서 태어나면서 어머니 젖꼭지에서 성적 욕구와 삶의 욕구를 동시에 느끼게 된다는 단계이다.

두 번째 단계는 유아기로서 어머니의 따뜻한 품과 사랑이 필요한 시기이다. 대부분의 애고이스트들은 이 시기에 어머니의 사랑을 받지 못하고 보모나 할머니 등 다른 사람들의 손에서 자란 사람들이다. 이 시기에 부모로부터 많은 사랑을 받은 사람은 일생동안 안정되고 정이 많은 사람이 되며 그렇지 못한 사람은 메마르고 차가운 성격의 소유자가 된다. 가족에게 독재자형인 사람들은 이 시기에 부모로부터 사랑이 결핍된 상태에서 성장한 사람들이다.

세 번째 단계는 남근기의 단계로서 사춘기의 단계이다. 남근기의 단계는 인간이 신체적으로 급성장하면서 어머니가 성적으로 상상하는 성의 대상이 되는 시기이다. 남근기는 이 세상에서 가장 이상적인 여성은 어머니 한 여성뿐이라고 생각하는 시기이다.

사춘기인 남근기의 다음단계가 청년기로서 이 단계는 인간으로서 육체적으로나 정신적으로 완성되는 단계이다.

인생에서 가장 중요한 시기가 바로 남근기인 사춘기의 단계이며 대개 중학교 학생시기에 찾아온다.

프로이드는 남근기 즉 사춘기에 자식과 완전히 단절하여 독립하도록 하여야 한다. 자식과의 강한 단절은 부모가 더 이상 성적인 대상이 되지 않는다는 생각을 가지면서 부모로부터 포기를 하고 자기 스스로 보호와 독립을 찾아서 자립심을 키우는 시기이다. 만일 부모가 유아기 때와 같이 자식을 똑같이 대하게 되면 부모에게 그대로 의존하는 습성을 버리지 못하게 되면서 독립심이 없는 마마보이가 된다는 것이다.

프로이드에 의하면 남성은 누구나 오이디프스 콤플렉스를 가지고 있다. 어머니 없이 아버지 손에서 자란 여성의 경우 아버지가 딸이 애처로워서 너무 잘 대해주는 경우 남성과 같은 엘렉트라 콤플렉스를 가지게 된다.

여성은 가장 이상적인 남성상은 아버지이며 결혼을 위해서 선을 보는 상대는 아버지 나이와 똑 같으며 아버지와 똑같은 성격과 외모를 가진 사람을 고르게 된다. 엘렉트라 콤플렉스를 가지고 있는 여성의 경우 정상적인 부부생활을 못하고 파경을 하는 경우가 허다하다.

오이디프스 콤플렉스나 엘렉트라 콤플렉스는 성격상으로

비정상적이다. 자신 스스로가 마마보이라고 생각하면 고쳐서 새로운 삶을 살면 된다.

그러면 연상의 여인은 어떠한가. 연상의 여인을 좋아하는 남성들은 대개가 여성에게 의존해서 살려는 사람이며 여성의 경우는 어머니 보호본능이 강한 여성들이다. 여성의 경우 남성에게 의존하는 타입과 남성을 보호하려는 본능이 강한 유형으로 분류할 수 있다.

연상 연하의 커플은 현대의 유약하고 부드러운 남성상과 강인하고 활동적인 여성상을 나타내고 있다. 과거의 민며느리제도는 일손이 모자라서 신랑보다 나이 많은 처녀를 데리고 와서 일을 시키던 시대이다. 그와 같은 맥락에서 보면 경제적 능력과 생활력이 강한 여성이 연하의 남성을 좋아하는 것은 인간이 가지고 있는 본능인 것 같다.

연상의 여인과 연하의 남성 커플은 비정상적인 커플이 결코 아니다. 어떻게 보면 그들은 인간이 내면 깊숙이 잠재되어져 있는 본능을 찾아서 살아가는 풍요로운 삶을 추구해 나가고 있지 않나 생각된다. 또한 자식들은 손에 넣고서 귀엽게만 키워서는 안 되며 때가되면 자식의 장래를 위해서 힘껏 밖으로 쫓아내는 부모의 용기가 필요하다고 생각된다.

• 03

인생성공과 친구

속담에 "사람을 낳으면 서울로 보내고 말을 낳으면 제주도로 보내라"는 말이 있다. 까마귀와 어울리는 사람은 새까맣고 초라한 존재가 되고 공작새와 어울리면 공작처럼 우아하고 아름답게 된다.

이 말은 인간은 자신과 어울리는 사람에 따라서 자신의 위치가 변하게 된다는 말이다.

인간은 자신의 주변에 영향을 받게 마련이다. 맹모삼천지교라는 말은 맹자와 같이 큰 인물을 만들기 위해서 맹자의 어머니가 옳은 환경을 찾아서 이사를 여러 번 다녔다는 말이다. 대부분의 사람들은 자기와 비슷한 처지의 사람들과 어울린다. 소위 말하는 끼리 끼리 어울린다는 말이다.

자신이 어느 정도 성공을 하면 과거에 있던 부류의 사람들 틈에서 벗어나서 더 낳은 부류의 사람들과 합세하고 그들의 틈에 들어 가려고 한다.

사람들을 보면 대개가 사람을 잘 만나서 성공을 한다. 자신이 그 분야에서 성공을 하고 싶으면 아예 그쪽으로 가서 그 옆에서 서성거리다 보면 기회를 잡고서 성공을 하는 경우가 대부분이다. 예술분야 중에서 음악 분야에서 성공을 하고 싶으면 줄리아드 음악학교의 최고의 선생을 찾아가서 그 밑에서 배우고 나서야 최고의 경지에 오르게 된다.

여행을 통해서 문화적인 관점에서 도움이 되고자 하면 우리나라보다도 문화적으로 앞선 나라를 여행하여야 한다. 경제적으로 견문을 넓히고자 하면 우리나라보다 경제적으로 선진화된 나라를 방문하여야 한다. 우리나라보다 문화적으로나 경제적으로 후진국인 동남아나 아프리카를 여행해서는 별로 큰 도움이 되지 않는다.

대부분의 사람들은 자신과 비슷한 사람들과 어울리기를 원하거나 아니면 자신보다 조금 못한 사람과는 쉽게 어울린다. 자신보다 못한 사람과 어울리면 자신의 마음이 편안해진다는 생각 때문이다. 자신보다 못한 사람에게는 자신의 우월성을 나타낼 수 있기 때문이다.

자신과 비슷한 사람과 어울리는 사람은 더 이상 발전을 하지 못하고 그 자리에서 머물고 만다. 자신보다 못한 사람과 어울리는 사람은 자신보다 못한 사람의 수준으로 내려가는 퇴보되는 인생으로 변하게 된다. 자신도 모르게 수준 낮은 사람으로 변하게 된다.

자신보다 수준이 높은 사람으로부터는 조금이라도 배울 것이 있다. 자신보다 수준 높은 사람과 어울리는 그 순간부터 자신도 모르게 물이 들어서 덕을 보게 되는 것이다.

옛 말에 "없는 풍창보다는 있는 땡촌이를 따라 다니라"는 말이 있다. 없는 풍창이란 지갑에 돈은 비어 있으면서 돈이 생기면 술과 밥을 사겠다는 사람이다. 친구에게 술과 밥을 사주고 싶은데 지갑이 비어서 사주지는 못하는 사람이다.

있는 땡촌이라는 말은 돈은 있으면서도 절대로 지갑을 열지 않는 구두쇠 사람을 말한다. 경우에 따라서는 땡촌이도 지갑을 열기 때문에 그 옆에 붙어 있다 보면 얻어 먹을 기회가 생긴다는 것이다. 돈을 가지고 있는 구두쇠가 돈이 없는 인심 좋은 사람보다 낫다는 말이다.

인간은 성공을 하기 위해서는 성공한 사람들의 주변에 있어야 한다. 성공한 사람들과 함께 있다 보면 자신도 성공한 사람으로 변하게 된다. 실패한 사람 주변에 있게 되면 자신도 모르게 실패한 사람들이 하고 있는 행동에 물이 들게 된다.

인생을 성공적인 삶을 살아가기 위해서는 자신보다 나은 사람들과 친분관계를 가지려고 노력을 해야 한다. 그렇게 될 때 자신의 삶도 머지 않아 성공한 삶을 살아가게 될 것이다.

• 04

링컨의 실패와 도전

인류의 역사를 통해서 가장 밑바닥에서 태어나서 가장 성공한 인물을 꼽으라고 하면 미국의 16대 대통령 에이브러햄 링컨을 들 수가 있다.

링컨의 실패와 도전을 통해서 우리는 두 가지의 인간형을 생각할 수 있다.

실패를 하면 자신이 갈수록 위축되어지는 형과 그 반대의 인간형이다. 대부분의 사람들은 실패를 하면 위축되어져서 점차적으로 자신의 인생의 설계를 작은 방향으로 좁혀나간다. 더욱이 많은 사람들은 실패를 하는 경우에 실망과 좌절한 나머지 자신이 추구한 목표를 포기해 버리는 경우가 허다하다.

링컨은 그 반대의 인간형이다. 그는 미국 켄터키와 테네

시의 경계지역인 애팔레치아 산맥의 첩첩산중에서 태어났다. 그는 계모의 결손 가정에서 교육도 제대로 못 받았다.

링컨은 당시 흑인이라는 이유로 노예로 취급 받던 사회제도를 변화시키기 위해 정치계에 발을 디디기로 계획을 세웠다. 우선 지방의원부터 한단계식 밟아 올라가기로 결심한 그는 주 하원의원에 첫 번째 도전을 하였다. 첫 번째 그의 희망은 좌절되고 말았다. 거의 모든 사람들은 제일 기초의원에 실패를 하면 다음선거에는 한 단계 낮추거나 꿈을 접어버리는 경우가 대부분이다.

링컨의 경우는 달랐다. 그가 주 하원에 실패하자 이번에는 주 상원으로 한 단계 올려서 출마를 하였다. 마침내 그는 당선이 되었다. 그 후 그는 주 상원의 재선에서 낙선을 하였다. 그러자 이번에는 링컨은 한 단계를 올려서 연방 상원의원에 도전을 하였다.

링컨의 꿈은 좌절되고 말았다. 이번에는 또 한 단계 높여서 대통령에 출마를 결심하고 출사표를 던졌다. 마침내 링컨은 대통령에 당선되어서 그가 바라던 노예해방을 남북전쟁을 통해서 실현 하였다.

미국 역사를 통해서 가장 위대한 대통령을 꼽으라면 미국을 독립시킨 전쟁영웅이자 초대 대통령인 조지 워싱턴과 남북전쟁을 일으켜 노예들을 해방시킨 링컨 대통령을 들고 있다.

미국인들은 조지 워싱턴을 구약에 나오는 탈 애급을 했던 모세에 비유하고 있다. 링컨 대통령은 노예를 해방시키고 자신은 암살을 당했기 때문에 예수에 비유하고 있다. 현재 링컨에 대한 국민들의 존경심은 더 해 가고 있다. 링컨의 게티즈버그 연설은 미국 역사상 가장 유명한 연설로 역사에 기록되고 있다.

우리가 링컨의 좌절과 도전정신에 대해서 한번 생각해 볼 필요가 있다. 만일 링컨이 도전정신이 없었더라면 그는 자신의 꿈을 포기했거나 아니면 동네의 구의원이나 기껏해야 시의원 정도로 끝이 났을 것이다. 실패에 좌절하지 않고 한단계식 높여나가는 정신은 결국 자신을 인류의 위대한 대통령을 만들 수 있었다.

20세기 인류 최고의 인생 상담가인 데일 카네기는 "실패는 성공의 지름길이지만 좌절보다 더 나쁜 것은 없다"고 말하고 있다.

실패를 하면 할수록 인생에서 경험이 쌓여서 성공으로 가는 지름길이 된다. 카네기는 "인생에서 실패를 경험하지 못한 사람보다 더 불행한 사람은 없다."라고 하고 있다.

인생을 살아가면서 누구나 실패를 경험하게 마련이다. 사람마다 그 실패를 어떻게 받아 들이냐에 따라서 인생은 달라진다. 실패를 좋은 경험과 거울로 삼아서 더욱 더 큰 희망으로 도전을 하는 사람은 결국 자신이 목표로 삼았던 꿈을 성공시킬 수 있을 것이다.

복잡한 삶을 살아가는 현대인들에게 링컨의 실패와 도전을 다시 한 번 생각하면서 자신의 실패를 좌절이 아닌 도전으로 극복해 나가는 삶을 생각해 보면 어떤지는 자신에게 달려있다.

• 05

종의기원과 생존 법칙

찰스 다윈의 진화론에 대해서 우리는 어느 정도는 이해하고 있다. 다윈은 인류의 역사에 획기적인 변화를 가져온 인물이다. 그의 이론은 인간의 창조주는 하느님이 아니라는 설에서부터 당시 하느님을 정신적 지주로 삼고서 살아가는 전 세계인들에게 충격을 주었으며 종교계를 비롯하며 모든 분야에 획기적인 변화를 초래하게 만들었다. 다윈의 이론은 인류 역사의 제 2의 혁명을 가져오게 만들었다.

진화론은 모든 생물은 환경에 잘 적응하는 생물만이 살아남고 그렇지 않은 생물은 도태되어서 사라져 버린다는 이론이다.

다윈의 용불용설은 필요해서 자꾸 사용하면 더욱 더 발전하고 필요가 없어서 사용하지 않으면 없어져 버린다. 생물학적으로 아무리 뛰어나고 우수한 유전인자라도 환경에서 필요로 하지 않으면 사라져 버린다. 아무리 열등한 생물도 환경에 잘 적응해 나가면 생존해서 번성해 나간다는 이론이다.

우리가 살아가는 인간사회도 적자생존의 시대에 접어들고 있다. 주변의 변화는 어지러울 만큼 빠르게 변화를 거듭하고 있다. 변화에 적응해 나가는 사람은 살아남고 그 변화의 속도에 적응하지 못하는 기업이나 사람은 위기 쪽으로 몰리고 있다.

최근의 디지털 혁명으로 인해서 경제적인 부는 눈이 내릴 때는 똑같이 땅에서 공평하게 쌓이지만 디지털이라는 바람으로 인해서 여러 곳으로 이동하여 몇 군데만 집중적으로 쌓이고 있다. 과거보다 더욱 심한 부익부 빈익빈의 현상을 초래할 가능성이 커지고 있다.

기업들은 숲과 나무의 성향을 동시에 읽을 수 있는 기업정신을 요구하고 있다. 조직 내에서는 무수히 많은 정보 중에서 필요한 정보를 읽고서 정보를 공유해 나갈 수 있는 능력을 필요로 하고 있다.

다윈의 말과 같이 아무리 우수한 종자라도 환경에 적응하지 못하면 사라져 버리듯이 아무리 뛰어난 인재라도 조직 내에서 조직원들 간의 호흡을 잘 맞추어 나가지 못하는 경우 자신의 재주를 발휘할 기회를 찾지 못한다. 운동경기에서 아무리 뛰어난 개인기를 가지고 있다고 하더라도 팀원들 간의 도움이 없이는 두각을 드러낼 수 없는 것과도 같은 현상이다.

다윈이 말하는 우수한 종자는 인간사회에서 전문성을 말한다. 전문성을 가지기 위해서는 숙련공과는 다른 방법으로 업무에 접근을 시도하여야 한다.

숙련가는 주어진 자신의 업무만 지속적으로 하여 그 일 하나에 대해서만 어둠속에서 눈 감고도 쉽게 처리할 수 있는 능력을 말한다. 자동차 숙련공은 오랜 동안의 그 분야에만 업무를 보아서 자동차에 이상이 있으면 금방 무슨 문제가 있다는 것을 알아낸다.

숙련공은 여기까지가 전부이다. 전문가의 경우는 다르다. 전문가는 한 단계 나아가서 자동차의 수명연장과 연료의 법칙까지 파고 들어가서 자동차에 문제가 생기기 전에 사전방지를 할 수 있는 능력을 가진 사람을 말한다.

전문가의 지식은 숙련가가 업무의 반복으로 인해서 얻은 기술을 바탕으로 더 많은 노력과 지혜를 쌓아서 얻은 지식이다.

현대의 조직에서는 업무만을 반복적으로 잘 하는 기술자는 살아나가기가 힘이 드는 시대에 도달했다.

정보나 기술도 혼자서만 아는 정보나 기술을 요구하지 않고 한 단계 높은 정보를 요구하고 있다. 정보를 얻기 위해서는 조직원 전체의 정보 분담과 함께 조직원 전체의 정보의 공유를 필요로 하고 있다. 정보를 정확하게 읽고 대응해 나가기 위해서 개개인의 전문화된 지식과 함께 협력을 필요로 한다.

조직이 살아나기 위해서는 조직원 개개인이 전문성을 가지고 있어야만 한다. 조직원들의 전문화와 함께 중요한 것은 조직원들의 협력정신이다.

조직원들이 협력정신은 오케스트라와 같다. 협력 없는 개인기 만으로는 오케스트라에서 연주자들 각자가 악기를 불어서 듣기 싫은 소리를 내게 될 것이다. 조직원들은 서로 간에 화합하여 오케스트라에서 아름다운 소리가 나도록 노력을 하여야 한다. 만일 그렇지 못한다면 조직원 개개인의 전문성은 살리지 못하고 묻혀 버리고 만다.

조직에서 리더십은 오케스트라에서의 지휘자와 같은 역할이다. 지휘자는 연주자 개개인이 내는 소리의 조화를 이루어서 전체적으로 아름다운 소리가 나도록 만드는 역할을 한다. 현대의 조직에서 필요로 하는 것은 조직원 개개인의 전문성을 발휘하도록 도와주는 리더의 역할이 점차적으로 비중을 더해가고 있다.

현대를 살아가는 사람들에게 필요로 하는 것은 조직원들이 상호협력을 하여야만 사회가 필요로 하는 삶을 살아 갈 수 있다고 생각된다.

4

신뢰와 진실성

• 01

요지경속과 신뢰

우리는 수년전에 가수 신신애가 불러서 히트를 시킨 노래 "세상은 요지경속이다."라는 노래 가사를 한번 생각해 보자.

"세상은 요지경 속이다. 여기도 짜가 저기도 짜가, 짜가 판친다."라는 노래 가사의 구절이 있다. 여기서 짜가라는 말은 가짜라는 속어이다.

이 노래가 히트를 친 이유는 이 세상이 전부 가짜로 덮어져 있으며 이렇게 되는 경우 신뢰성을 상실한 불신의 사회로 변하지 않을까하는 두려움이 앞선다. 뉴스에서는 자동차에 사용하는 휘발유까지 콩기름으로 만든 가짜 휘발유를 비롯하여 학위증까지 가짜로 만들어서 교단에 서는 사람이 있다. 여기에다 세계화 시대가 되다보니 외국인까지 한국에 들어

와서 가짜 학위증으로 영어강사 노릇을 하는 시대가 되었다.

이렇게 되다보니 대중가요 "세상은 요지경 속이다."라는 노래의 씨가 먹혀들어 갈 만하다. 인간의 본성이 성선설이냐 성악설이냐를 떠나서 세상이 갈수록 더욱 더 불신의 풍조의 골이 깊어져 가는가에 대해서 한탄을 하지 않을 수가 없다.

실존주의 사상가들이나 작가들은 인류의 과학과 기술이 인간을 서로 간의 불신의 정도를 더욱 더 높게 만들어가고 있다는 것이다. 근세에 이미 사상가 장자크 루소는 "과학과 기술은 인간에게 도움을 주었는가는"라는 논문에서 과학과 기술의 발달은 인류의 발전에 도움을 주지 못했다는 것이다. 현대의 급속한 과학의 발달은 결국 서로가 서로를 불신하는 사회풍조를 만들어 가고 있다.

불신사회에 인간이 풍요로움을 찾기 위해서 해야 할 일은 무엇인가.

사회적으로 신뢰성의 회복이다. 직장에서나 사회에서나 가장 중요한 일은 서로간의 신뢰를 가지도록 하는 일이다.

신뢰는 가장 가까이에 있는 가족으로부터 시작해서 거시적으로는 국가와 국가 간의 관계인 국제사회에까지 필요하다.

회사에서 가장 필요한 일은 서로간의 신뢰를 바탕으로 하는 인간관계를 형성해 나가야 한다. 조직에서 리더십을 발휘하기 위해서는 신뢰를 바탕으로 한 리더십을 발휘하여야 한다. 리더의 신뢰성은 책임감과 도덕성과 업무능력을 기반으로 하여 이루어진다.

한번 신뢰성이 무너져 버리면 회복하는데 약 3번 정도의 신뢰성을 보여야만 겨우 본래의 신뢰로 회복된다는 심리학자들의 연구결과가 나왔다. 이처럼 상실된 신뢰성을 회복시키기 위해서는 피나는 노력을 기울어야 한다. 그렇기 때문에 처음부터 신뢰성을 잃어버리지 않으려고 노력을 하여야만 한다.

우리는 "늑대와 소년" 이솝우화를 알고 있다. 늑대와 소년의 이야기에서 늑대가 나타났다고 거짓말을 하자 두 번까지는 소년을 구해주려고 마을의 주민들이 나타났다. 세 번째에는 진짜늑대가 나타났음에도 불구하고 마을의 사람들이 아무도 나타나지 않았다. 신뢰를 잃어버린 소년은 늑대에게 물려서 죽었다.

신뢰성의 구축은 국가 간에도 중요성을 보여주고 있다. 현재 북한은 국제사회에서 신뢰성을 상실하여 국제사회에서 외톨이 신세가 되어 버렸다.

조직에서도 조직이 번창하기 위해서는 조직 내에서는 조직원 상호간에 신뢰를 바탕으로 하는 훌륭한 인간관계를 형성해 나가야 한다. 조직 외에서 고객과의 관계에서도 신뢰를 바탕으로 하여 어떻게 해서든지 다른 경쟁회사보다 고객에게 더 많은 이익을 주려고 노력을 하여야 한다.

고객의 취향을 빨리 읽고서 고객의 취향에 맞는 모델을 경쟁사보다 한 발 앞서서 항상 계발해 나가야 한다. 고객에게 신뢰를 바탕으로 한 더 많은 이익과 혜택을 줄 수 있을 때 고객을 추종세력으로 만들 수 있다.

불신의 사회에서 풍부한 삶을 살아가기 위해서는 신뢰를 바탕으로 한 훌륭한 인간관계를 유지해 나가는 삶의 방식이 최선의 방식이라고 생각된다.

• 02

장미의 이름

꽃 중에서 가장 아름다운 꽃은 장미꽃이다. 장미꽃은 아름답지만 아름답기 때문에 가까이 접근을 하게 되면 가시에 찔리게 된다. 인간은 가장 아름다운 꽃인 장미의 유혹에 넘어가서 장미를 꺾기 위해서 가까이 가서 장미꽃의 아름다움에 반해서 가시에 찔려서 장미가시의 독으로 인해 죽게 된다는 것이다. 꽃이 아름다우면 그 만큼 속에는 독과 가시를 품고 있다는 것이다.

인간은 모든 것이 상대적이다. 인간이 재능이 있고 미인인 사람은 생명이 짧거나 박명하다는 말이 있다. 여성이 아름다우면 많은 남성들이 그냥두지 않고 꺾으려고 하기 때문에 미인들은 장미의 가시와 같이 자신을 보호하기 위해서 마음이 아름답지가 못하다는 것이다.

움베르트 에코는 "장미의 이름"이란 책으로 일약 유명한 작가가 되었다. 그의 장미의 이름은 영국의 유명배우이자 007로 우리에게 잘 알려진 숀코네리 주연의 장미의 이름으로라는 제목으로 영화화 되면서 더욱 잘 알려지게 되었다.

장미의 이름으로는 중세기 교황과 왕권이 팽팽히 맞서서 있던 시기에 수도원에서 일어나는 살인사건에 관한 이야기를 풀어내는 추리소설이자 탐정소설이다.

일곱 천사가 나팔을 불고나면 반드시 한명의 수도사가 죽어간다. 결국은 수도원의 수많은 장서들 속에 있는 오래된 고서 "아리스토텔레스의 시학 2권" 속에다 독을 발라서 책에 접근하는 사람은 독에 의해서 죽게 되며 범인은 결국 수도원장과 수도원에서 장서를 관리하는 수도승이라는 추리소설이다.

왜 하필이면 이 세상에서 가장 아름다운 꽃인 장미를 살인사건속의 이름으로 이용하는 것일까.

인간은 불완전한 존재이다. 성직자가 거주하는 수도원은 가장 엄격한 절제와 높은 도덕성을 요구하고 있다. 인간의 불완전성은 가장 고매한 성직자 사회에서 도덕성이 무시된 범죄 집단에서나 행해지는 살인사건이 일어났다는 것 자체가 인간들에게 커다란 충격을 가져다주고 있다.

최근에 성격은 다르지만 "다빈치 코드"라는 소설이 베스트 셀러로서 한동안 전 세계인들에게 큰 충격을 주었다. 하느님의 아들인 예수가 창녀인 막 달라와 결혼을 해서 현재 그 자손들이 지구의 한 곳에서 집성촌을 이루고 있다는 것이다. 신성시되고 있는 수도원에서의 살인사건과 신격화된 예수와 창녀와의 사이에 태어난 인간들의 생존은 가히 우리 인간들에게 충격이 아닐 수 없다.

꽃 중에서 가장 아름다운 장미라는 이름과 가장 높은 도덕성을 요구하는 수도원과 하느님의 아들인 예수와 도덕적으로 가장 타락한 창녀 막 달라의 등장을 소재로 한 소설은 불완전한 인간들은 더 큰 범죄도 저지를 수 있다는 가능성을 보여주고 있다.

인간세상을 살아가면서 우리가 느껴야 할 일은 인간은 어느 누구나 자신도 극과 극의 상황에 도달할 가능성이 있다는 것을 잘 묘사하고 있다. 인간은 아무리 재능이 뛰어나더라도 주변에 대해서 잘 못 이해하는 경우에는 극한상황으로 내몰릴 수가 있다는 것을 잘 암시하고 있다.

조직에서도 자신이 조직원들과 잘 화합하지 못하는 경우 자신의 재능을 잘 발휘하지 못 할 뿐만 아니라 조직에서 이상한 사람으로 오해를 받을 가능성이 있음을 이 소설은 잘 묘사하고 있다.

현대를 살아가는 우리들은 다른 조직원들과 협력하고 수

많은 정보는 공조와 협력을 통해서 이해해서 문제를 해결해 나가야만 하지 않나 하는 생각이 든다.

• 03

코드 뽑기

“미꾸라지 한 마리가 맑은 시냇물 전체를 흙탕물로 흐려 놓는다.”, “며느리를 잘못 들여 놓으면 형제간의 우애를 다 끊어 놓는다.”라는 말이 있다.

20세기 최대의 인간관계 전문가인 데일 카네기는 코드가 맞지 않는 사람은 번개가 치듯이 관계를 단절하지 않으면 그 사람의 인생은 결코 행복해 질 수가 없다는 것이다. 실무 경영 컨설팅 부분의 세계최고 권위자인 피터 드래커는 인사에서 채용과 해고 등에서 결단력을 리더십의 가장 중요한 요소로 여기고 있다.

요즈음 다빈치 코드를 비롯하여 코드라는 말이 자주 사용되고 있다. 사회에서도 코드가 맞아야 일을 할 수 있다며 자신과 코드가 맞는 사람을 인사에서 가장 주요한 원칙으로 하여 사람을 선발한다.

"인사가 만사"라는 말은 인류의 역사가 시작된 이래로 계속되어 사용되고 있다. 인간이 지배하는 역사 속에서 가장 중요한 일은 인사 문제 이다. 사람을 잘 쓰면 그 집단은 서로 화합하여 성공을 이룬다. 반면에 사람을 잘못 채용하여 물의를 일으키는 경우 그 집단은 항상 인간적인 갈등 속에서 헤어 나지를 못한다.

가정에서도 며느리를 잘못 들여오는 경우 그 집안 형제들 간의 의를 전부 깨어 놓는다는 말이 있다. 집안에서 남의 식구인 며느리를 잘 얻으려는 이유가 집안의 화목과 가정의 안정 때문이다.

회사에서도 사람을 뽑는 인사 문제가 가장 큰 문제이다. 국가에서도 인사 문제가 가장 중요하게 다루고 있다. 인간이 중심이 되어서 사회와 회사와 가정을 운영해 나가고 있다.

해방이후 한국 재계에 가장 큰 영향력을 행사해온 삼성그룹의 이병철 회장은 인사를 가장 중요시한 대표적인 경영자 이었다. 이병철 회장은 아무리 바쁜 일이 있어도 회사의 신입사원을 채용하는 면접시험장에는 반드시 참석하여 사람을 직접 보고서 채용했다. 회사의 말단 신입사원을 뽑는 인사 문제에 가장 바쁜 일을 제쳐 두고 직접 면접장에 나타나는 이병철 회장은 인사를 얼마나 중요시 하였나 하는 것을 알수 가 있다.

이병철회장의 인사 방침을 보고서 항간에는 관상쟁이를 대동하고서 나타나서 그 관상쟁의 의견을 상당부분 참조를 한다는 말까지 나왔다.

김영삼 문민정부가 들어서면서 김 대통령은 "인사가 만사다."라는 말을 하여서 정부 인사정책의 중요성을 보여주었다.

인간이 살아나가면서 코드가 맞는 사람과 함께 일을 하고 사귀어야 자신이 스스로 행복하고 하는 일에도 성공을 거둔다. 만일에 코드가 맞지 않는 사람과 같이 일을 하는 경우 일이 잘 돌아가지 않을 뿐 아니라 항상 불만족한 상황에서 생활하게 된다. 신발은 맞지 않으면 그 자리에서 벗어버리고 다른 신발로 바꾸어 신을 수 있지만 사람은 그 자리에서 버릴 수가 없다.

자신의 행복과 성공을 위해서는 가장 중요한 일은 자신과 코드가 맞지 않는 사람에게 해야 할 일은 우선 그 사람과 코드를 맞추어 보려고 노력을 하여야 한다. 그래도 그 사람과 코드가 화합하는 일이 불가능 하다고 판단되는 경우에는 여지없이 그 사람과 단절을 선언하여야만 한다.

사람이 자신에게 인간적으로 진실성을 가지고 않고 허위로 자신을 대한다는 것을 알게 되면 그 사람과 가차 없이 단절하여야 한다. 만일 그 사람과 누이 좋고 매부 좋고 하는 식으로 서로 서로 이용가치만을 생각하고서 그 사람과 지속적으로 관계를 유지해 나가는 경우에는 반드시 그 사람으로부터 큰 피해를 입게 된다.

외롭다는 생각에서 자신에게 진실로 대하지 않는 것을 알면서도 인간관계를 맺어나가는 경우 그 사람은 인생에서 결코 득이 되지 않고 백해무익한 사람이 될 것이다. 결단력을 가지고 매몰차게 그 사람과는 단절을 하고서 새로운 사람을 사귀어서 자신의 인생을 행복하게 만들어 나가야 한다.

인생을 살아가면서 성공한 사람들과 사귀어야 자기 스스로가 행복한 삶을 살아가게 된다. 성공한 사람들과 사귀게 되면 그들로부터 성공적인 삶의 방법을 조금이라도 배울 수가 있다. 성공한 사람들의 삶속에서 자신도 모르게 동화되어서 쉽게 성공의 지름길을 찾게 된다.

실패한 사람들과 사귀게 되면 그 실패한 사람들이 자신과 같이 실패하여 같이 놀도록 물귀신처럼 끌어 들인다. 자신도 실패한 사람에게 맞추어서 사고하게 되고 결국 실패한 인생을 살아가게 된다.

인생을 살아가면서 코드가 자신의 삶에 중요한 역할을 하고 있다. "모진 놈 옆에 있다가 벼락 맞는다."라는 말이 있다. 인생을 살아가면서 코드가 맞는 사람과 함께 코드를 맞추어서 살아가야 성공적인 삶을 산다는 생각이 든다.

• 04

소크라테스와 파스칼의 명상록

그리스 시대에 소피스트란 지식인들이 자신이 가지고 있는 지식을 팔아서 생계를 유지해 나가는 사람들을 소피스트라고 불렀다.

60년대 유명한 육체파 이태리 영화배우 소피아 로렌과 최근의 프랑스 영화배우 소피 마르소의 소피라는 말은 그리스의 지식인들인 소피스트에서 나온 말이다. 두 아름다운 영화배우가 소피아와 소피라는 이름을 사용한 이유는 비록 육체적으로는 아름다움을 가지고 있기는 하나 그것만으로는 부족하다. 여기에 더해서 정신적으로 풍부한 지식을 소유하고자하는 욕망에서 소피스트로부터 이름을 따서 소피라는 이름을 사용하게 되었다.

소피스트는 지식을 지혜롭게 사용하는 방법을 가르쳐주는 사람들을 말하기 때문에 현대용어로 철학자들이라고 생각하면 된다. 철학의 목적도 지식을 지혜롭게 사용하도록 하는 방법을 가르치는 학문인 것이다.

소피스트들의 목적은 장사를 해서 돈을 벌겠다는 사람들에게 돈을 버는 방법인 상술을 가르쳤다. 현대로 말하면 기업인들이 고객과 부하들을 상대로 해서 자기 계발을 하는 일종의 리더십 관련 기술이라고 생각할 수 있다.

소크라테스 역시 소피스트들 중의 한사람이기는 하나 소피스트로 분류하지 않고 있다. 소크라테스는 대가를 받지 않고 무료로 가르쳤다. 소크라테스는 인간이 가져야 할 근본적인 진리를 가르쳤다. 소피스트들의 목적은 학생들이 단지 돈을 벌 수 있는 수단을 가르쳤다.

소크라테스는 인간의 본질과 근원을 가르쳤다. 델포이 신전에 새겨져있는 소크라테스의 명언 "너 자신을 알라" 하는 말은 인간은 각자가 가지고 있는 본성을 파악하고 본질을 규명하라는 깊이 있는 말이다.

소크라테스와 함께 인간의 본질이 무엇이며 살아나가는 방법을 제시한 현인은 바로 파스칼이다.

수학자이자 물리학자로서 다양한 물리 및 수학적인 이론을 제시한 파스칼은 처음에는 수학이 인간의 모든 문제를 풀어낼 수 있다고 생각하였다. 그러나 이러한 형이하학적인 접근법으로는 인간의 근본문제를 해결할 수 없다는 것을 알고부터 형이상학인 철학적 접근법을 시도하였다.

파스칼의 유명한 명상록인 "팡세"는 소크라테스가 해명하고자 한 인간의 순수한 본성과 같은 맥락에서 이해 할 수 있다.

파스칼의 팡세의 서문을 보면

"인간은 수증기나 바늘 침 하나로도 죽일 수 있는 연약한 존재이다. 반면에 우주는 얼마나 광대하고 강한가. 인간은 그가 약하다는 것을 알고 있다. 우주는 자신이 강하다는 것을 모르고 있다. 인간의 위대성은 바로 여기에 존재한다. 인간은 생각하는 갈대이다."

파스칼은 인간의 부족한 결핍의 존재와 연약함으로부터 출발하고 있다. 다음으로 인간존재의 고뇌를 해결 하려고 노력하고 있다. 부족하고 연약한 존재인 인간은 부족을 매우기 위해서 욕망과 애정을 시도하는 악순환에 빠져든다.

인간에게 주어진 가장 위대함은 인간은 생각하고 반성하면서 자신의 존재가치를 격상시켜 나간다. 결국 인간의 위대성은 연약함을 넘어서 생각하는 갈대로서 우주의 존재보다 더 위대한 존재로 자리를 잡게 된다는 것이다.

파스칼이나 소크라테스가 보는 인간의 본질은 연약함과 강함의 이중성을 가지고 있다. 그들은 인간이 연약하다는 것을 깨닫기 시작하면서 자신의 연약함으로부터 탈출하게 된다. 깨달음으로 인해 인간은 자신의 노력에 의해서 무한한 가능성이 있는 위대한 존재로 성장 할 수 있는 것이다.

현대인들은 파스칼이 지적하는 연약함과 위대함의 양면성을 가지고 있다. 자신이 연약하다는 것을 알고서 그 연약함을 극복하는 방법을 생각하는 갈대가 되어야 한다. 자신 스스로의 노력에 의해서 연약함은 극복되고 강한 인간으로서 성공한 삶을 살아 갈 수 있지 않을까 생각된다.

• 05

향수와 직장 뿌리

요즈음 현대인들이 가지고 있는 특성은 자기가 한번 몸담은 직장을 영원한 직장으로 생각하지 않고서 조금이라도 자신에게 유리한 조건을 제시한 직장이 나타나면 금방 자리를 박차고서 다른 직장으로 옮겨 버린다. 이러한 현상은 서양국가들 중에서 미국인들이 가지고 있는 직장이라는 관념에서 유래되었다.

미국인들은 직장을 잡이라고 부른다. 잡이라는 말의 원래의 의미는 밥술을 뜬다는 말이다. 미국인들이 말하는 잡이란 밥술을 뜨기 위해서 나가는 곳이라는 의미이다. 그들은 직장을 단지 밥벌이를 위해서 출근하는 장소로서 정도 밖에 생각하지 않는다. 미국인들은 서부개척기를 통해서 떠돌아다니는 습관이 있기 때문에 직업에 대해서 귀천이 없고 직장은 단지 밥벌이를 위해서 필요한 장소로 생각하고 있다.

일본의 경우는 다르다. 그들은 직장을 자신의 뿌리와 동일시하고 있다. 일본들은 회사의 명예가 바로 자신의 명예와 동일시하고 있다. 가령 미스비시 종합상사에 다니는 회사원은 미스비시가 바로 명예를 포함해서 자신의 모든 뿌리라고 생각하고 회사를 위해서 평생을 헌신한다. 대부분의 일본의 직장인들은 다른 곳에서 아무리 좋은 보수와 대우의 조건을 제시한다고 하더라도 직장을 절대로 옮기지 않는다. 비록 자신이 현재의 직장에서 승진이 늦거나 보수가 낮다고 하더라도 현재의 직장에 충실하게 일을 하면서 살아간다.

현재 우리나라의 경우는 다르다. 대부분의 직장인들은 현재의 직장에서 자신의 경력을 쌓아서 다른 직장으로 몸값을 올려서 이직을 하려고 하는 경우가 허다하다.

조금이라도 나은 보수와 자리에 대한 제의가 들어오면 대부분의 젊은 직장인들은 스스럼없이 현재의 직장을 포기하고 다른 직장으로 옮겨 버린다. 직장의 선배나 후배의 의리에 대해서는 안면을 몰수해 버린다. 직장을 잘 옮기는 사람은 능력이 있는 사람이라고 직장인들 사이에 생각되어지고 있다.

우리나라도 과거에는 한번 직장에 들어가면 정년을 맞을 때까지 같은 직장에 있다가 퇴직을 하는 것을 당연한 것으로 여겼다. 직장 자주 옮기는 풍조는 IMF 이후에 사라진 평생직장이라는 의미도 무시할 수는 없다. 더욱 중요한 것은 물질에 너무 구속되어서 물질의 노예가 된 나머지 자신이 가지고 있는 뿌리를 상실해 가고 있는 현상이 근본적으로 나타나고 있기 때문이다.

일본이 천연자원을 비롯하여 가지고 있는 기본적인 조건은 매우 열약하다. 일본인들은 악조건 속에서 미국 다음인 세계 제 2위의 경제대국으로서 자리를 지키고 있는 이유가 바로 애사심을 바탕으로 한 뿌리를 내리고 있기 때문이다. 자기가 몸담고 있는 회사의 발전과 명예를 위해서 최선을 다하는 애사심을 가지고 있다. 이 애사심의 뿌리가 일본을 경제대국으로 만든 원동력이다.

우리가 현재와 미래의 발전을 위해서는 우리가 가지고 있는 뿌리를 유지해 나가는 일이 가장 중요하다. 뿌리를 잃어버리면 사회의 하부구조의 상실과 함께 상부구조도 상실하게 된다. 하부구조는 물질을 바탕으로 하는 경제적인 차원에서의 뿌리를 의미한다. 하부구조인 경제적인 차원에서 튼튼한 뿌리를 가지게 되면 자동적으로 상부구조인 문화와 전통 등은 잘 보존해 나갈 수가 있다. 우리에게 필요한 것은 처음에 가지고 있던 곳에서 뿌리를 내리는 일이다.

우리에게 잘 알려진 정지용의 시 향수를 생각해 볼 수 있다. 정지용의 시의 구절의 일부분을 보면

"넓은들 동쪽 끝으로 옛이야기 지줄대는 실개천이 휘돌아 나가고 / 얼룩백이 황소가 해설피 금빛 게으른 울음을 우는 곳 / 그곳이 차마 꿈엔들 잊으리라"

정지용의 시 향수가 국민적 시로 자리를 매김 하게 된 것은 인간은 누구나 자신의 뿌리를 찾아서 뿌리를 내리기를 원하고 있다.

직장도 가능하면 한 직장에서 그 직장을 위해서 최선을 다하는 애사심을 보이고 직장과 함께 생사를 같이 할 각오로 일을 하여야만 조직의 발전과 함께 자신의 발전을 초래하게 되는 것이다. 애사심은 결국 국가전체의 번영을 가져오게 된다.

직장을 이 회사 저회사로 옮겨 다니는 일은 젊은 시절에는 자신의 능력과 몸값을 높이기 위해서 부득이한 경우에는 가능하다. 자주 직장을 옮기다보면 자신의 뿌리가 없어지고 결국 떠돌이 신세로 전락하는 수가 허다하다. 몇 푼의 나은 대우를 위해서 떠돌아 다니다 보면 얻는 것 보다 잃는 것이 훨씬 크다.

현대의 직장인들은 이 회사 저 회사로 옮겨 다닐 것이 아니라 한 직장에 뿌리를 내리고 그 직장을 위해서 최선을 다하는 애사심을 보이는 정신으로 살아가야 하지 않을까 하는 생각이 든다.

5

열정과 시도의 삶

• 01

비오는 날에 수채화와 열정

열정과 고독과 사랑과 망각의 실존주의 시인 마리아 릴케. 그는 인생을 장미꽃을 사랑하다 장미꽃 가시에 찔려서 죽은 인류의 역사상 최고의 시인이다. 릴케의 시의 한 구절을 보면

“장미꽃이여, 오오, 순수한 모순이여, 수많은 눈시울아래 누구의 잠도, 이 일락이여”

이 시는 자신이 사랑한 여인 루 안드레스 살로메를 그리며 쓴 시이다.

릴케는 장미를 사랑하다 장미꽃 가시에 찔려서 죽은 열정의 시인이다.

릴케는 실존을 초월하기 위해서 망각을 선택했다. 그는

비오는 날에는 화판에 수채화를 그려서 지나간 시간을 망각 속에 넣으려고 한 낭만적인 시인이다. 비오는 날에 수채화는 빗물에 엉켜서 모든 화상은 망각 속으로 사라져 버린다.

인류 역사상 플라톤이래의 최고의 철학자 헤겔은 인간에게 행복을 가져다주는 것은 열정과 망각이라고 했다. 헤겔은 독일에 쳐들어온 나폴레옹을 멀리서 보고서 나폴레옹에게 매료 되어져 버렸다. 나폴레옹에게 열정이 없었다면 그는 평범한 군인으로 끝났을 것이다. 라고 그는 말했다. 헤겔의 권력에 대한 연구는 나폴레옹으로부터 영향을 크게 받았다.

인간에게 열정과 고독과 사랑은 삶을 풍요와 함께 성공으로 이끌어 나간다.

현대의 최고의 경영 컨설턴트 잭 웰치는 "훌륭한 리더는 자신이 열정 가지고 있어야 하며 그 열정을 부하들에게 불어 넣을 수 있는 에너지가 있어야 한다."라고 말하고 있다.

인간의 열정은 예술가와 기업가 뿐 만 아니라 누구에게나 필요하다. 열정이 식어버린 인간은 인간으로서 매력을 잃어가는 앙상한 나뭇가지에 불과하다.

열정과 함께 인간에게 필요한 것은 고독과 망각이다. 고독은 소외감과는 다르다. 소외는 외로움을 불러온다. 고독은 외롭지 않다. 고독으로부터 인간은 자신을 반성하고 새로운 삶을 살아가는 근원을 마련하게 되는 것이다.

고독보다 인간에게 필요한 것은 망각이다. 망각은 시간이 지나면서 누구나 기억 속에서 사라져 버리는 것과 자기 스스로가 의도적으로 잊으려고 하는 망각으로 생각할 수 있다. 기억 속으로부터 시간이 지남에 따라서 자연스럽게 잊어지는 망각은 소월의 시 먼후일의 한 구절에서 잘 나타나 있다.

"오늘도 어제도 아니 잊고 먼 후일 그때에 잊었노라."

자신이 스스로 잊으려고 노력하는 망각은 비오는 날에 수채화를 그림으로서 과거의 망각 대신 새로운 삶을 구상할 수 있게 된다.

인간은 항상 과거에 얽매여서는 아무런 발전이 없다. 과거는 단지 경험에 불과하며 과거 자체가 현재는 아니다. 밝고 희망찬 미래를 위해서는 비오는 날의 수채화 같은 낭만적인 망각의 삶이 필요하지 않을까 하는 느낌이 든다.

• 02

아무것도 하지 않는 삶

이솝우화에서 여우와 신포도 이야기가 있다. 여우는 너무 높이 달려있는 포도를 보고 그 포도를 따먹을 수 없다는 것을 알고서 그 포도는 먹을 수 없는 신포도이기 때문에 시도조차 할 필요가 없다는 것이다.

인생도 여우의 신포도 이야기와 비슷한 경우가 허다하다. 인생을 살아가면서 맛있는 포도인지 아니면 먹을 수 없는 만큼 시큼한 포도인지를 알아보지도 않고서 미리부터 포도 따는 일에 도전하는 일을 포기해 버리는 경우가 허다하다.

그리스의 철인 소크라테스는 "시도하지 않은 삶은 가치가 없다."라고 하고 있다. 성공을 하기 위해서는 무슨 일이든지 시도부터 하여야 한다. 시도를 해서 실패하기도 일수고 성공하기도 일수인 것이다. 시도부터 하고 나서 성공과 실패는 다음의 문제로 생각하여야 한다.

조선조 말기에 나라 정치에 반기를 들어서 비록 혁명에 실패는 하였지만 국가에 경각심을 불러 일으켰던 혁명가 홍경래는 혁명이 실패로 돌아가자 그는 사나이가 한번 나라를 바로 세워 보겠다는 꿈을 가지고서 혁명을 시도하다가 실패하기도 하늘에 달렸으며 성공하기도 하늘에 달렸다고 말했다. 진정으로 중요한 것은 국가의 개혁을 위해서 시도해 본 것에 진정한 의미가 있다고 했다.

시도도 해보지 않고서 처음부터 나는 그 일을 하는 것이 불가능하다는 생각부터 하는 사람은 인생에서 성공을 할 수가 없다. 인간이 성공을 할 수 있기 위해서는 얼마나 그것을 강력하게 희망하는가에 달려있다.

애디슨이 전구를 발명하기 위해서 전구 안에서 고온에 버틸 수 있는 탄소막대기인 필라멘트를 발명하기 위해서 수 십 차례의 실패를 거듭하였음에도 불구하고 포기하지 않고 노력하여 마침내 성공을 하였다.

최초 여류 비행기 조정사인 린디 아멜리아 이어하트는 움직이지 않으면 이루어지지 않는다고 하였다. 이어하트는 결국 비행기에서 실종되었지만 그녀는 진정한 삶을 시도한 여류 비행사 이었다. 비행 조종의 개척자인 찰스 린드버그는 모험과 시도가 없는 곳에는 어떤 사람들이 살고 있으며 그들은 어떤 삶을 살고 있는지 궁금하다고 했다.

70년대 초 한국은 후진국에서 중진국으로 도약하기 위한 틀을 마련하고 있었다. 이 시기에 현대그룹의 정주영 회장은 한국을 해상 왕국으로 만들어 보겠다는 시도를 하였다. 당시의 조건으로 보아서는 불가능한 일이었다. 모든 사람들은 정 회장의 구상을 포기하라고 말렸다. 그의 꿈은 좌절될 것이라고 생각 했었다.

허허 벌판 울산에다 현대조선을 세우기 위해서 명함하나만 들고서 전 세계를 누볐다. 정주영 회장은 현대조선을 세계에서 두 번째로 큰 조선회사로 만들어서 조건적으로 불가능하다는 것을 가능하도록 하였다. 정주영 회장의 시도로 인해서 한국은 세계적인 조선국가 된 것이다.

인간은 성공을 하기 위해서는 시도부터 하여야 한다. 영웅 나폴레옹은 "내 사전에는 불가능은 없다."라고 말하고 있다.

나폴레옹을 영웅으로 만든 것은 무엇이든지 마음을 먹었으면 시도를 하는 도전정신이다. 나폴레옹은 유럽의 험악한 요새인 알프스 산을 넘어서 공격하는 일을 시도하였다. 겨울에 알프스를 넘는 일은 모든 사람들이 엄두고 내지 않고 시도 조차 하지 않는 일이다. 나폴레옹이 가지고 있는 이러한 사상이 바로 나폴레옹과 일반인들의 차이점이다.

현대를 살아가는 사람들에게 필요한 정신은 하고자 하는

일에 대해서 처음부터 불가능하다는 생각으로 포기해 버리는 것이 아니라 시도부터 해야 하는 정신이 필요하다고 생각된다.

• 03

이브 몽땅과 알프레드 까뮈의 노래

공산주의 사상을 창시한 칼 마르크스는 "인간의 역사는 필요에 의한 작용과 반작용에 의한 노동의 역사"라고 정의를 내리고 있다. 인간은 부족한 것을 메우기 위해서 서로 간의 관계를 유지해 나가고 있다.

대부분의 사람들은 가지면 가질수록 더욱 부족함을 느끼는 토마스 홉스의 홉시안적 사고를 가지고 있다. 물질적으로 어느 정도 재물을 모은 사람들은 더욱 더 물질에 대한 욕망으로 사로잡히게 된다.

그리스 철인 플라톤은 이데아 즉 이상사회에서 인간의 행복은 약간 부족함을 느끼면서 더 이상의 욕심은 억제해 나갈 때 인간으로서 가장 이상적인 행복을 누릴 수 있다는 것이다.

고엽으로 우리에게 잘 알려진 프랑스의 전설적인 가수이자 영화배우인 이브 몽땅에게 어느 정치인이 미국의 레이건 대통령과 같이 대통령에 출마할 것을 권유한 일이 있었다. 이브 몽땅은 무대에서의 인기를 현실정치로 돌리는 것은 과욕이다. 이것은 성공한 예술가를 실패한 정치인으로 만드는 지나친 욕심에서 나오는 발상이라고 단호히 거절 하였다.

사실상 당시 전 프랑스 국민들은 할리우드 영화배우출신 레이건의 대통령 당선에 자극을 받았다. 프랑스 국민들은 레이건 처럼 이브 몽땅을 대통령으로 만들자는 여론이 들끓고 있었다.

우리나라에서도 한국 최고 재벌총수인 고 정주영 회장이 국민당이라는 당을 새로 만들어서 대통령에 출마하는 지나친 욕심을 부렸다가 망신을 당한 사례가 있었다. 재벌로서 그의 이미지는 불도저라는 별명으로 한국이 경제신화를 이루는데 절대적인 기여를 하였다. 그는 대단한 정력가 이어서 사업가 한가지만으로는 부족함을 느낀 나머지 정치에까지 욕심을 부리게 되었다.

이방인으로 우리에게 잘 알려진 프랑스의 노벨 수상작가 알프레드 까뮈는 그의 작품 "오해"에서 돈에 대해서 지나친 욕심을 부린 모녀는 자신이 운영하는 여관의 손님들을 차례로 독약을 먹여서 죽이고 시체를 강물에 버리고 돈을 가로 챈다.

자신들이 기다리던 아들과 오빠는 부자가 되어서 모녀를 깜짝 놀라게 하기 위해서 여관의 손님으로 변장해서 여관에 잠입한다. 그들은 투숙한 손님이 자신들이 기다리던 오빠와 아들인줄 모르고 독약을 먹여서 살해하고 시체를 강물에 빠뜨리는 순간에 오빠인줄 알아차린다.

자신들의 지나친 욕심이 기다리던 아들과 오빠를 죽이게 만든다. 까뮈의 작품에서 인간의 지나친 욕심은 자신과 가족을 파멸로 몰아갈 가능성을 보여주고 있다.

마르크스나 플라톤이 지적한 것처럼은 인간은 누구나 다 부족하기 때문에 활동을 통해서 그 부족한 부분을 채워서 살아나간다. 그러나 필요 이상으로 부족한 것을 채워나가는 경우 인간은 자신에게 물질적으로는 많은 것을 얻을지는 모르지만 그 과욕으로 인해서 가족애나 건강 등 자신에게 정말로 필요한 것을 잃어버리게 되는 경우가 허다하다.

현대를 살아가는 현대인들은 까뮈의 "오해"를 다시 한 번 생각해서 지나친 물질적 욕망을 자제하는 순리적인 삶을 살아가는 생활태도를 가질 필요가 있지 않을까 생각된다.

• 04

칭 찬

"칭찬은 고래도 춤추게 한다."라는 책이 얼마 전에 베스트 셀러에 올랐다. 칭찬을 들은 고래는 좋아서 춤을 추는데 사람의 경우는 칭찬을 들으면 어떤 반응을 보일까. 칭찬을 들은 사람은 고래와는 달리 춤을 추지 않고서 경계를 할지 아니면 고래와 마찬가지로 좋아서 춤을 출 것인가에 대해서 생각해 볼 문제이다.

그리스의 속담에 "너무 많은 칭찬을 받는 사람은 코 위에 종기가 난다"라는 말이 있다. 또한 "가장 경계하여야 할 적은 칭찬하는 사람이다."라는 말이 있다.

동양사회와 서양사회의 차이점은 서양인들은 남이 없는 곳에서 절대로 그 사람에 대해서 이야기를 하지 않는다. 서양인들은 남이 없는 곳에서 남에 대한 이야기를 하는 것을 실례로 생각하고 있다. 그들은 남이 없는 곳에서 그 사람에 대해서 물으면 "그 일은 나의 비즈니스가 아니다."라고 하면서 비록 알고 있더라도 대답을 회피한다.

서양인들은 그 자리에 없는 사람에 대해서 부득이 대답을 해야 하는 경우에는 가능하면 좋도록 이야기를 한다. 없는 사람의 관심이나 흥미로운 이야기를 한다. 서양인들은 자리에 없는 사람에 대해서는 그 사람에 대해서 평을 하지 않는 것을 예의로 생각하고 있다.

우리사회는 어떠한가.

대부분의 사람들은 남이 그 자리에 없을 때 그 사람에 대해서 이야기 하기를 좋아한다. 없는 사람에 대해서 이야기를 하는 경우에는 좋도록 이야기를 하는 것이 아니라 나쁘게 이야기를 하고 부정적인 시각으로 이야기 해 버린다. 그 사람이 자신과 같이 근무를 한다거나 경쟁관계에 있는 경우에는 더욱 더 그 사람의 약점을 이야기 한다.

예부터 인간이 지켜야 할 세 가지 법도가 있다.

우선 발 뿌리부터 잘 놀려야 한다는 것이다. 발을 함부로 놀려서 아무 곳에나 가는 경우 몸을 다치기 때문이다. 다음으로 입부리 다시 말하면 말을 함부로 하는 것을 조심해야 한다는 것이다. 마지막으로 성기를 함부로 놀려서 성행위를 하는 경우 풍기문란으로 문제를 일으키게 된다.

말은 입으로부터 밖으로 나가는 그 순간부터 자신이 한 말에 대해서 책임을 져야 한다. 발 없는 말이 천리를 간다는 말이 있다. 말은 자신이 내뱉는 그 순간부터 돌아서 당사자의 귀에 들어가게 마련이다.

말을 항상 조심하지 않으면 큰 실수를 하게 된다.

남이 없는 장소에서 그 사람에 대해서 아예 말을 하지 않는 것이 신사와 숙녀의 도리이다. 부득이 그 사람에 대해서 이야기를 해야 하는 경우에는 칭찬을 하여야 한다. 칭찬을 하고 덕담을 하게 되면 그 말은 칭찬을 한 당사자의 귀에 반드시 들어간다. 간접적으로 자신을 칭찬하는 사람을 알게 되면 칭찬을 받은 사람 역시 그 사람에 대해서 좋도록 이야기를 하게 된다.

덕담을 하고 칭찬을 하는 사람은 자신이 바로 그 덕을 받게 된다. 칭찬을 하지 않고 비난을 하는 경우 말을 하는 그 순간부터 항상 걱정과 후회를 하여야 하고 한말에 대해서 책임을 져야 한다.

남을 긍정적이고 좋도록 평가하는 사람에 대해서 모든 사람들은 인간성이 좋은 사람이라고 평을 한다. 남에 대해서 항상 부정적으로 평가하는 사람은 인간성 역시 좋지 않은 사람으로 평가를 받게 된다.

칭찬을 많이 하고 덕담을 하는 사람은 사회생활을 하는데에서 자신도 모르게 간접적으로 덕을 보게 마련이다.

인간은 남에 대해서 어느 정도 아첨을 할 필요가 있다. 아첨을 하는 경우 듣는 사람은 형식적으로는 듣기 싫어하는 표정을 지을지 모르지만 속으로는 기분 나쁘지 않게 생각한다. 아부의 말을 하는 경우 어느 정도의 기술이 필요하다. 면전에서 그 사람에 대한 아부는 절대적으로 필요한 일이다. 비록 남에게 아부를 못하는 성격을 가지고 있는 사람이라도 아부를 하는 습관을 기를 필요가 있다.

남에 대해서 항상 후한 점수를 주는 사람은 결국 자기 스스로가 후한 점수를 받고 남을 적으로 만들지 않고 동지로 끌어 안게 된다. 지나친 칭찬은 문제를 일으키지 않는다. 그러나 남을 과소평가하고 비난하는 것은 인간관계에서 문제를 일으키게 된다.

칭찬은 동물인 고래를 춤추게 하고 인간은 코 등에 종기가 난다는 그리스인들의 속담은 맞지가 않는 듯하다. 남을 칭찬해서 손해는 보지 않는다는 것은 틀림없는 사실이다.

인생을 살아가면서 남을 칭찬해주는 덕담은 자신 스스로의 삶을 풍요롭게 만든다.

현대를 살아가면서 남과의 관계에서는 될 수 있으면 남에게 칭찬을 해주는 습관을 길렀으면 한다.

• 05

인류 3대 참회록과 인생

인간은 누구나 자신의 삶으로부터 참되게 살았다고 느끼는 사람은 그리 흔하지가 않다. 현대와 같이 인간과 인간이 복잡하게 얽혀져 사는 시대에는 자신의 삶의 잣대를 어디에 두어야 할지 조차 맞추어 나가기가 힘든 일이다.

이러한 시대일수록 우리의 가슴에 와 닿는 인생의 참회록은 우리에게 인생의 방향을 제시하는 나침반 역할을 하고 있다.

세계 3대 참회록은 중세 초기의 성 아우구스티누스, 18세기의 사상가 장 자크 루소, 러시아의 대문호 톨스토이의 참회록을 들 수 있다. 이들이 쓴 참회록은 시간을 초월하여 어떤 인생으로 살아가야 하는지를 밝혀주는 등대불과 같다.

인간은 아름다운 존재다. 인간이 아름답다는 것은 자신을 참회 할 수 있다는 인간 본연의 마음을 가지고 있기 때문이다.

톨스토이는 "전쟁과 평화"라는 소설로 우리에게 잘 알려져 있다. 그는 이미 젊어서부터 문인으로서 필명을 날렸다. 일반적인 문인들이 겪는 경제적인 어려움을 비롯하여 명성이나 가정적인 문제점은 전혀 없었던 인물이다. 대부분의 문인들은 불안한 삶을 살았기 때문에 그들의 글로부터 인간이 나가야 할 방향을 제시하고 있는 것이다.

톨스토이의 삶은 모든 면에서 성공적인 삶을 살아왔다고 누구나 다 그렇게 믿고 있다. 그의 삶은 말년에 인간에게 누구나 찾아오는 죽음에 대한 두려움으로부터 시작 되었다.

톨스토이가 참회록을 쓰게 된 동기는 인간의 사후에 대한 두려움으로부터 나왔다. 사후에 인간은 어디로 갈 것인가에 대한 문인의 현세에 대한 자신의 삶에 대한 회한을 잘 묘사하고 있다.

장자크 루소는 자신이 삶 자체에 대한 후회와 자식들에 대해서 한 인간으로서 후회와 참회의 눈물을 흘렸다. 루소는 5명의 아들을 낳자 마자 모두 고아원으로 보내 버렸다. 젊은 날의 루소의 방탕한 생활은 자식을 키울 만큼 경제적이고 정신적인 여유가 없었다. 그는 인류의 역사 발전에 크게 기여한 대사상가 이다. 그의 사상은 인류의 삼대혁명인 프랑스 혁명을 일으킨 원동력을 제공하였다.

루소는 평생을 여성들의 치마폭에서 놀아난 사람이었다. 그는 사회에서 인간이면 누구나 다 낳은 자식을 기르고 보살펴야할 인간으로서 지켜야할 기본적인 윤리를 지키지 못한 사람이었다.

아우구스티누스는 성직자로서 인간과 신과의 사이에서 지켜 나가야 할 윤리관을 제시한 존경받는 성직자 이었다. 성 아우구스티누스도 성직자이기 이전에 한사람의 인간이었다. 그는 인류 역사를 통해서 가장 왕성한 활동을 한 성인이었다. 그러나 하느님의 높은 잣대로서 보면 너무나 많은 죄를 짓고서 살았다고 생각하였다.

인간은 누구나 자신의 가슴에 손을 얹고서 자신이 올바른 길을 걸어가고 있는지 물어본다면 바르게 후회 없이 살았다고 자신 있게 대답하는 사람은 아마 거의 없을 것이다.

인류역사를 통해서 가장 존경받는 인물들이 뉘우치는 참회록을 쓴 것을 보면 일반 범인들의 생활은 어떤가를 우리는 짐작 할 수 있다.

"산은 산이요, 물은 물이다."라는 명언을 남긴 가야산 호랑이 성철스님도 자신의 삶에 대해서 후회를 하였다.

인간은 빗방울과 같은 존재이다. 빗방울은 산에서 떨어지든 집의 처마 끝에 떨어지든 가는 곳은 바다이다. 바다에서 빗방울이 모여서 다시 하늘로 올라간다.

인간도 마찬가지 이다. 태어날 때는 누구나 다르게 태어나지만 결국 가는 곳은 인간이 경험하지 못한 미지의 세계로 가게 된다.

죽음이후에 오는 것들에 대해서 아무도 알지를 못한다. 그 죽음이후에 대비해서 인간은 현재에 충실하여야 죽음이후에도 찬란한 비전의 빛이 우리를 비추게 될 것이 아닌가.

죽음 후에 찾아오는 것에 대해서 우리는 청마 유치환의 시에서 우리 인간이 가장 바라는 소망이 무엇인지를 잘 표현하고 있다.

청마의 시 "바위"의 한 구절을 보면

"나 죽으면 한 개의 바위가 되리라 / 애련에 물들지 않고 희로에 움직이지 않는 한 개의 바위가 되리라" 라는 구절이 있다.

춘원 이광수는 인생에 대해서 "중생은 슬픈 존재다." 라고 표현하고 있다.

청마 유치환과 춘원 이광수의 글에서 우리 인간이 하루에도 수 십 번의 희로애락을 싣고서 마음의 변화를 추구해 나가고 있는지를 알 수가 있다.

파스칼은 인간존재를 위대하다고 보고 있다. 인간은 생각을 할 수 있기 때문에 위대하다는 그의 명상록에서의 표현대로 인간은 생각할 수 있기 때문에 올바른 길로 가야만 한다는 것을 생각하고 있다.

그 올바른 길로 가는 길은 좁은 길이다. 좁은 길이기 때문에 우리인간에게는 매일 매일 반성을 하면서 걸어야 그 길에서 벗어나지를 않는다.

아우구스티누스, 톨스토이, 루소, 성철 스님을 비롯하여 인류에게 존경을 받는 인물들이 자신의 삶을 완전하게 채우지 못했다는 고백론을 보면 우리 스스로도 매일 매일 반성해야 올바른 삶을 살아가지 않을까 하는 생각이 든다.

• 06

욕망이라는 이름의 전차와 공주병

테네시 윌리엄스의 소설 "욕망이라는 이름의 전차"는 현대인들의 이중적인 삶을 나타내는 대표적인 소설이다. 인간이 가지고 있는 내면세계의 성격과 현실에 나타나는 이중적인 성격을 잘 나타내는 소설 이다. 이 소설은 영화와 연극으로 상영되어서 우리들에게 친숙하게 잘 알려져 있다.

소설의 내용을 소개하면 주인공인 불랑쉐는 미국 남부의 명문 귀족의 딸이지만 집안이 몰락하고 잘못된 첫 결혼에서 실패를 한다. 불랑쉐는 비록 집안은 몰락했지만 귀족가문과 거만성을 그대로 유지하려고 하는 지나칠 정도의 공주병에 걸린 공주병 환자이다.

그녀는 삶에 지쳐서 자신의 여동생이 있는 남부의 뉴올리

언즈로 간다. 여동생의 남편은 거만하고 공주병에 걸려서 자신을 무시하는 불랑쉐에 대해서 인간적으로 모독감을 느끼면서 불랑쉐가 가지고 있는 약점을 캐내려고 한다. 여동생의 남편은 인간이 가지고 있는 내면의 욕망과 바깥으로 노출하는 표현은 상반된다는 것을 불랑쉐로부터 찾아내고서 불랑쉐를 능멸하게 된다.

불랑세는 능멸당한 모독감과 자신이 가지고 있는 공주병 때문에 결국 자신을 이겨내지 못하고 정신병자가 되어서 정신병원으로 옮겨지게 된다.

이 소설은 인간이 가지고 있는 내면세계를 잘 묘사하고 인간이 표현하는 외면은 내면과 상반된다는 인간이 가지고 있는 이중적 성격을 잘 나타내고 있다. 소설이 주는 교훈은 인간이 가지고 있는 지나친 자존심은 자신을 파멸의 길로 들어서게 한다는 것이다.

블랑쉐라는 이름이 가진 말의 의미는 바로 희고 깨끗한 결벽증환자 공주라는 말이다. 공주병에 걸린 어느 한 여인이 결국은 자신이 파놓은 구렁텅이에서 헤어나지 못하고 몰락하고 만다는 것이다.

공주병은 여성들이 가지고 있는 가장 아름다움이다. 공주병을 가지고 있기 때문에 여성에 대해서 신비감을 더 해주는 것이다. 공주병이란 나의 자존심과 수준이 어느 정도인가를 외부로 나타내는 간접적인 표현이다.

공주병이 없는 여성은 자존심을 상실한 여성이며 여성으로서 매력이 없는 여성이다. 여성은 스스로를 지키기 위해서는 자존심이 반드시 필요하다. 지나치게 필요없는 자존심과 주변 환경에 맞지 않는 자존심은 공주병에 걸린 정신병자이다.

불랑쉐는 자신이 명문 귀족집안의 딸이라는 자존심은 지켜나가야 하지만 주변 환경에 맞는 자존심으로 스스로 변신을 시도하여야 한다. 그녀 자신의 주위가 더 이상 귀족으로서 지켜 줄 만한 환경이 되지 못하고 있다는 것을 그녀는 감지하고 있어야만 했다. 불랑쉐는 변화를 추구해서 주변의 환경에 맞는 자존심을 택해야만 했다.

역시 잘 알려진 마가렛 미첼의 소설 "바람과 함께 사라지다." 에서 나오는 여 주인공 스칼렛 오하라와는 너무나 대조적 이다. 스칼렛 역시 남부의 귀족명문으로 남북전쟁으로 인해 몰락한 귀족으로 떨어진다. 그녀는 커튼으로 드레스를 만들어 입고 무밭에서 무를 뽑아서 씹어 먹는 변화되고 격정적인 삶을 살아간다. 스칼렛 역시 공주병을 가지고 있기는 하다. 공주병은 내가 누구다. 라는 자존심으로 인해 자신을 과거의 자신으로 돌아가려는 열정을 불어 넣어 준다.

공주병은 여성이 인생을 살아가는데 활력소 역할을 한다. 자신이 비록 절망의 구렁텅이에 빠져들어 가더라도 다시 회생할 수 있도록 열정적이고 격정적인 삶을 살도록 희망을 불어 넣어주는 활력소 역할을 한다.

우리는 두 소설에서 보았듯이 인생을 살아가면서 누구나 자신이 가지고 있는 최소한 기본적인 자존심은 필요하다. 내가 이정도의 자존심과 수준은 가지고 있는 사람이다. 라는 것을 내면적으로 가지고 있어야만 한다. 내가 이정도 수준의 자존심은 가지고 있다는 것을 외면적으로 나타내어야 한다.

공주병과 왕자병은 우리가 살아 나가는데 열정을 불어넣어주는 활력소 역할을 한다. 여성들이나 남성들이나 모두 어느 정도의 공주병과 왕자병은 가지고 있어야만 하지 않나 싶다.

• 07

미소의 효과

우리는 일제 강점기의 암울한 시대에 누구나 다 민족해방을 원하면서 여유 없는 생활을 시로 표현하였다. 그러나 반대로 여유로우면서 낙천적인 마음으로 우리에게 해방의 희망을 보여준 시가 있다. 민족시인 김상용의 시 남으로 창을 내겠소이다.

남으로 창을 내겠소 의 한 구절을 보면

"구름이 꼬인다 갈리 있소 / 새 노래는 공으로 들으라오 / 왜 사냐건 웃지요"라는 구절에서

우리는 왜 사냐 건 웃지요. 에서 시인의 순수함과 낙천적이고 평안함을 알 수 가 있다. 웃지요 라는 말은 당시의 일제치하의 힘들고 위기감 넘치는 삶에서 벗어나서 해방이 된다

는 기쁨과 희망을 나타내고 있다.

인간의 얼굴이 가지고 있는 가장 큰 힘은 바로 미소의 효과이다. 어느 연설가가 이 세상에서 가장 긴 영어 단어가 무엇입니까. 하고 질문을 하고 정답은 바로 smile 즉 미소라고 답한 일이 있다. 영어 단어 smile은 mile이라는 말을 포함하고 있기 때문에 십리까지 가는 이 세상에서 가장 긴 단어라고 농담 섞인 대답을 한 일이 있다.

오래전에 미국에 유학을 간 사람이 먼저 와서 공부를 하고 있는 친구에게 미국 사람들은 길에서 나를 보면 왜 자꾸 웃으면서 키스를 하자고 "Kiss Me"라고 하는지 모르겠다. 라고 물어 보았다.

서양인들은 일상적으로 처음 보는 사람에게 약간의 실수를 해도 얼굴에 미소를 띠우면서 "Execuse Me"라고 의례 인사를 한다. 이 말은 나는 당신에게 아무런 감정이 없다는 것을 미소로서 표현을 하고 있는 것이다.

동양인들은 처음 보는 사람들에게 웃지 않고 얼굴에 엄숙함과 경직성을 나타낸다. 이것은 나는 당신을 잘 알지 못하기 때문에 경계를 하고 있다는 것을 얼굴에 나타내고 있는 것이다.

상대방을 보면 미소로 표현을 하는 의미는 나는 당신에게 아무런 감정이 없다는 것을 미소로서 나타내는 것이다. 웃음은 상대방에 대해서 적대관계가 아닌 우호적인 관계를 형성하고 싶다는 것을 의미한다. 어느 심리학자가 많이 웃는 사람과 잘 웃지 않는 사람의 노화현상을 조사한 결과 자주 웃는 사람은 웃지 않는 사람보다 노화현상도 오지 않고 건강한 생활을 유지해 나간다는 연구 보고서를 낸 일이 있다.

동양인들과 서양인들의 차이점은 웃음의 문화에서 찾을 수 있다. 동양에서는 자주 웃는 사람들은 벨이 나간 사람이고 가벼운 사람으로 간주하고 얕잡아 본다. 얼굴에 무게를 잡고서 목에 힘을 주고 있어야만 상대방이 나를 어렵고 두려워하고 무시하지 않겠지 하고 생각한다. 동양에서는 여자들의 경우 웃음이 헤픈 여자는 바람기가 있는 상스러운 여성으로 오해를 한다.

미국 대학에서 학생들이 앞에 나가서 발표를 하는 경우 동양인 학생들은 얼굴의 표정부터 굳어져서 방어적인 자세를 취한다. 서양 학생들은 앞에 나가서 발표하기 전에 분위기를 웃음으로 바꾸어 놓는다. 자신의 얼굴부터 경직성을 풀고서 미소를 띠우면서 발표를 시작한다.

의도적으로 억지로라도 웃으려고 노력을 하면 얼굴의 표정이 웃는 얼굴로 변해서 그 사람만 보면 웃음이 나는 사람으로 변하는 얼굴이 된다. 그렇다고 개그맨 같이 직업적이고 전문적으로 남을 웃기라는 말은 아니다.

남과의 관계에서 훌륭한 인간관계를 만들기 위해서는 얼굴에 미소를 띤 얼굴이 훨씬 관계를 원활하게 만든다.

옛날 우리조상들은 많이 웃어서 얼굴의 눈가에 주름이 많이 진 사람들을 바람기가 있는 사람이라고 경계를 하였다. 지금은 정 반대의 현상이다. 얼굴 눈가에 주름이 많고 웃음기가 감도는 얼굴은 호감이 가는 좋은 인상을 가진 사람으로 여겨진다.

현대를 살아가는 사람들에게 항상 웃음 띤 얼굴로 사람을 대하는 사람은 인간관계에서 조건적으로 성공할 가능성이 다른 사람들보다도 크다. 우리는 항상 누구를 보던 처음부터 웃는 얼굴로서 사람들을 대해야 하지 않나 싶다.

• 08

가시나무새와 인생

콜린 맥콜로의 소설 "가시나무새"와 "매디슨 카운티의 다리"라는 소설을 보고서 현대인들의 심리상태를 잘 이해 할 수가 있다. "매디슨 카운티의 다리"는 미국 아이오아주 시골 중년의 가정 여성과 떠돌이 사진사와의 7일간의 사랑을 소재로 하여 어느 미국 시골 대학의 교수가 소설로 써서 미국과 전 세계에 베스트셀러가 된 소설이다. 가시나무새는 호주의 한 생물학자가 성직자인 신부와 입양아 간의 금지된 사랑을 소재로 쓴 연애소설이다.

성직자와 남편이 있는 가정부인의 불륜을 그린 이 두 소설은 금지된 사랑에서 파멸로 끝나지 않고서 그 사랑의 본체를 영원히 비밀로 하여 살아 있도록 함으로써 인간이 삶에서 느끼는 갈증을 해소하는 역할을 하고 있기 때문에 더욱 가치가 있는 것이다.

인간은 불완전한 존재이다. 불완전성은 인간이 극과 극의 길을 오갈 수 있도록 하고 있다. 양들의 침묵에서 지성인이라는 대학교수가 희대의 살인마가 될 가능성이 있으며 지킬박사와 하이드에서 인간이 탈바꿈을 할 수 있는 인간 내면세계를 잘 보여주고 있다.

가시나무새 소설에서 우리는 가시나무새라는 실제로 전설적인 가시나무새와 인생을 토론해 볼 필요가 있다. 가시나무새는 일생동안 가시나무를 찾아서 헤매다가 가시나무를 찾는 순간 그 새는 평생 동안 부르지 않고서 간직해 온 가장 아름다운 목소리로 열정적으로 노래를 부른다. 그 노래를 부르고 나서 가시나무새는 자신이 평생 동안 찾던 바로 그 가시나무에 자신의 몸을 찔러서 자살을 한다.

가시나무새는 열정적인 새이다. 인간도 열정적인 인간은 중년이후의 자신의 삶의 초라함에 실망하여 자살로서 삶을 마감하는 경우가 더러 있다.

미국의 국민성을 대변하는 "누구를 위하여 종은 울리나"로 우리에게 잘 알려진 미국 작가인 헤밍웨이는 자신의 사냥총으로 자살을 하였다. 일본의 북해도의 눈을 배경한 소설 "설국"을 써서 노벨문학상을 수상한 가와바다 야스나리 역시 일본도로서 할복자살을 해 버렸다.

인생은 사십부터라고 하였던 말에 대해서 수필가 피천득 선생은 인생은 사십까지다 라고 하면서 나비가 찾아오는 봄을 사십 번이나 맞은 인생은 사십부터는 덤으로 사는 인생이라는 말을 수 십 년 전에 하였다.

인간은 누구나 이승에서 오래 살고 싶어 한다. 이승에서 병마에 시달리고 고통 속에서 살더라도 죽지 않고 목숨을 부지하려는 것이 인간이 가지고 있는 본성 인 것이다. 중국 중원을 통일한 진의 시황제는 영원히 살기 위해서 불사약을 구하기 위해서 전 세계에 신하를 보내지 않았던가.

다행히도 인간이 원하고 바라는 원초적 본능은 과학과 의술의 발달에 힘입어서 그 목적을 달성해 나가고 있다. 인간은 영원히 살지는 못하지만 죽음을 지연시키는 행위는 할 수가 있다.

불혹의 나이라는 사십은 과거에는 인생의 정리기로 생각을 하였다. 이제 나이 사십은 인생은 사십부터라는 말로 탈바꿈을 하고 있다. 인생에서 사십 전에는 기반을 닦는 전초전이며 사십부터는 인생에서 본게임을 벌린다는 의미이다.

가시나무새와 같이 자신의 목표를 달성하는 순간 가시나무에 찔려서 죽어버리는 삶과 자신이 성공이라는 목표를 세워서 성공을 하는 순간 죽어버리는 것이 아니라 새로운 도약을 위한 목표를 세워서 또 하나의 계단을 올라가는 인생을 스스로가 만들어야 한다.

실존주의 철학자 하이데거는 "존재와 시간"에서 시간의 상대성을 논하고 있다.

인간에게 주어진 시간이 연장 되었다고 해서 그 시간을 소중하게 사용하지 않으면 아무런 효용성이 없어지며 고통만 따르게 된다. 사십대 이후의 인생은 자신이 사십 전에 어떻게 기초를 닦아 왔는가에 따라서 어느 정도 영향을 받는다. 인생을 늦게 시작한 사람은 인생이라는 시간이 연장되었기 때문에 충실하게 노력을 하면 훌륭한 삶을 살아갈 수가 있게 되었다.

미국 대통령 조지 부시 2세는 사십 전까지는 아무것도 이루지 못한 부모들이 집안에서 생각하는 말썽꾸러기에 불과하였다. 그는 사십 전에는 아무것도 하지 않은 인생 룸펜에 불과 하였다. 그가 사십부터 정신을 차리고서 열심히 일하여 아버지 조지 부시 1세 대통령의 도움이 없이 텍사스의 석유사업에서 성공을 하였다. 국민들은 그를 대통령으로 뽑았다.

경쟁 후보인 알 고어는 처음부터 인생의 목표를 대통령에다 맞추고서 학벌에서부터 하버드대학 정치학과를 졸업하고 일찍이 정치에 입문하여 단계적으로 백악관으로 향하는 코스를 밟았으나 국민들은 말년에 자신의 인생을 올바른 길로 잡고서 열심히 살아가는 부시에게 승리의 월계관을 씌어 주었다 .

이것이 인생이다. 인간은 죽는 날까지 노력하고 반성해

나가는 길에서 아름다움과 진정한 삶의 진리가 담겨져 있다는 생각을 다시 한 번 되새기자.

• 09

사랑하는 까닭

사랑은 아름다워라 라는 노래는 윌리엄 홀덴 주연의 영화 "모정"의 주제가로서 우리에게 잘 알려져 있다. 이 영화는 주제가 한국동란과 홍콩을 배경으로 한 종군기자와의 사랑을 다루었기 때문에 우리의 가슴속에 더욱 생생하게 기억된다. 민족 시인이자 독립운동가인 만해 한용운의 시 님의 침묵의 한 구절에서 인간이 가지고 있는 사랑이란 무엇인가에 대해서 깊이 생각해 볼 필요가 있다.

만해의 님의 침묵중의 한 구절을 보면

"내가 님을 사랑하는 이유는

내가 당신을 사랑하는 것은 까닭이 없는 것은 아닙니다. 다른 사람들은 나의 미소만을 사랑하지만 당신은 나의 눈물도 사랑하는 까닭입니다.

내가 당신을 기다리는 것도 까닭이 없는 것은 아닙니다. 다른 사람들은 나의 건강만을 사랑하지만 당신은 나의 죽음도 사랑하는 까닭입니다."

인간은 본능적인 사랑과 고결한 사랑 모두를 가지고 있다. 본능적인 사랑은 동물도 인간과 마찬가지로 가지고 있다. 본능적인 사랑은 성적인 욕망과 소유욕을 포함한 종족보존이라는 차원에서 자기 자손에게는 아낌없는 헌신적인 사랑을 한다.

인간도 남녀 간의 사랑에는 인간내면에 저 깊은 곳에 잠재되어져 있는 종족보존 본능의 사랑이 깔려져 있다. 정신분석학자이자 심리학자인 프로이드에 의하면 남녀 간에 당신을 사랑합니다. 라고 하는 말은 당신과 성교가 가능하다는 것을 인간내면에 깊숙이 가지고서 한다는 말이다. 이 말은 성적인 소유욕으로부터 나온 표현이라고 본다. 할머니나 나이 아주 어린 어린이에게 이성으로서 나는 당신을 사랑합니다. 라는 말은 사용하지 않는다는 것이다. 프로이드는 인간의 모든 행동을 성과 관련시켜서 이해하려고 노력한 화제의 인물이었다.

인간이 가지고 있는 사랑이라는 의미는 인간에게 만일 사랑이라는 것이 존재하지 않는다면 인간이라는 종족은 지구상에서 벌써 수 억 년 전에 멸종을 하였을 것이다.

인간이 가지고 있는 사랑이라는 말속에는 많은 의미가 내포되어져 있다. 사랑이라는 말속에는 조건이 없다는 의미가 들어있다. 조건부 사랑은 사랑이 아니다. 진정한 사랑은 무조건적이어야 한다.

한용운의 님의 침묵은 사랑을 민족의 해방과 관련하여 사랑 속에는 민족의 독립이라는 의미를 표현하고 있기는 하지만 사랑이라는 그 자체를 두고서 우리는 생각해 볼 필요가 있다. 시에서 눈물과 죽음도 마다하지 않는 조건 없는 인간 본연의 순수성을 나타내고 있으며 사랑은 받기보다는 조건 없이 준다는 것을 나타내고 있다.

사랑 중에서 가장 중요한 것은 자기 자신을 사랑하는 일이 가장 중요하다. 자신을 사랑하는 사람은 자신에 대해서 엄격하며 절제를 할 줄 알고 자기 스스로를 가꾸어 나가는 생활이며 그렇지 않고 방탕한 생활을 하는 사람은 사랑이 없는 사람이다.

사랑은 아름다워라 라는 모정의 주제에서와 같이 진실한 사랑은 영원하며 예수님이 죄인에게 복수대신에 용서를 허용한 가장 고귀한 사랑으로부터 시작해서 가까운 친구를 위해서 목숨을 바치는 조건 없는 사랑까지 다 아름다운 사랑이다.

남녀 간의 사랑도 조건 없는 순수한 사랑이어야만 오래가고 그 순수한 사랑이 자신에게 멀리 떨어져 나가더라도 자신의 머리에는 영원히 아름다운 추억으로 살아서 기억된다.

인간이 살아가는데 직장에서나 가정에서나 어디에서든지 사랑으로 출발하여 사랑으로 끝이 나야 한다.

직장 동료들과의 관계에서도 사랑을 바탕으로 한 솔선수범과 희생정신을 보일 때 그 사무실의 분위기는 더욱 평화롭고 안정 되어진다.

현대와 같이 복잡한 환경일수록 주변의 모든 것을 미움이 아닌 사랑으로 대할 때 자기 스스로가 삶에 대한 진정한 가치를 느끼지 않나 싶다.

6

희망과 도전적인 삶

• 01

실낙원 황무지를 떠나면서

우리는 민족시인 김동환의 "산 너머 남촌에는" 이라는 시를 꾀꼬리 같은 목소리의 가수가 노래로 불러서 우리에게 더욱 친근감을 불러 일으키고 있다. 산 너머 남촌의 시를 보면 고운 저 하늘 빛깔, 금잔디 넓은 들, 호랑나비 떼 등 지상낙원에 대한 동경을 그리고 있다.

인간은 누구나 지상낙원에서 살기를 희망하면서 살아가고 있다. 인간의 조상 아담과 이브는 지상낙원인 에덴동산에서 금단의 열매를 따 먹기 전에는 산 너머 남촌과 같은 낙원에서 살았다.

지상에서 낙원이 존재 하는가에 대한 의문은 인간에게 가장 큰 숙제로 남겨져 있었다.

대부분의 수도사 문화를 가진 유럽인들은 존 밀턴의 실낙원을 믿고 있다. 인간 세상에서의 낙원은 더 이상 존재하지 않는다. 인간은 하느님의 아들인 예수를 죽인 대가로 하느님은 지상천국을 없애 버렸다는 것이다.

인간을 천 년 간 지배해 온 기독문화가 붕괴되면 인간의 지상 낙원에 대한 해답은 힘 있는 패권국 미국인들의 해석에 무게를 실어 주었다.

미국인들은 밀턴의 실낙원은 하느님이 가장 사랑하는 천사 라파엘을 통해서 인간에게 낙원이 있는 곳을 알려주었다. 그러나 시인 밀턴은 천사 라파엘로부터 낙원을 실낙원으로 잘못 받아 적어서 인간에게 낙원이 실낙원으로 잘못 전달되어 졌다고 믿고 있다. 인간이 동경하던 지상낙원은 바로 신천지 미국 땅이라고 여기고 있다.

구약에 나오는 모세는 지상의 젖과 꿀이 흐르는 지상낙원 가나안 땅을 찾아서 수 십 년을 방황 하였다.

유럽으로부터 탈출한 청교도인들 역시 언덕위의 도성을 만들기 위해서 초절주의 정신의 삶을 강요하였다. 그들은 도착하자마자 1636년 곧 바로 목사양성 학교인 현재는 세계최고의 명문대학인 하버드 대학을 세웠다. 그들은 세속적인 삶을 거부하고 도덕성과 물질보다는 절제를 요구 하였다.

허허 벌판 황무지 땅에서 장미꽃 밭으로 일구어낸 것은 초기의 청교도 정신이 가장 큰 역할을 하였다.

사월은 잔인한 달의 구절로 시작하는 황무지 시인 토마스 엘리엇은 황무지에서 낙원을 만든다는 것은 불가능 하다는 것을 보여주고 있다. 엘리엇이 말하는 황무지는 현대의 발달된 과학과 기술 문명이 인간을 황무지로 만든다는 것이다.

현대를 살아가는 현대인들은 물질적으로는 풍요로운 삶을 살아가고 있다. 먹는 기름진 음식과 발이 되어주는 자동차와 들어가 사는 현대식 아파트는 외형상 지상낙원을 연상하게 한다.

인간은 더욱 더 물질을 중시하는 세속인으로 변해가고 있다. 물질중시의 세속사회는 결국 인간을 정신적 안정과 여유로움을 박탈하고 말았다.

현대인에게 문명은 사탄이 에덴동산에서 아담을 유혹시킨 금단의 열매와 같은 것이다. T. S. 엘리엇이 황무지에서 인간에게 주의를 준 지나친 문명의 혜택은 인간이 힘들게 일구어 놓은 지상낙원은 밀턴의 실낙원으로 변해가고 있다.

자본주의 사회에서 돈은 인간 육체의 피처럼 중요한 존재이다. 현대인들은 물질에다 지나치게 비중을 부여하고 있다. 황금만능주의 사상은 지상낙원에서 필요한 도덕성과 신뢰성을 상실해 버리게 된다.

물질을 지배해야 할 인간은 물질의 노예로 전락해 가고 있다. 인간이 꿈꾸며 일구어 놓은 낙원은 신뢰와 도덕성이

상실한 서로가 서로를 피곤하게 만드는 실낙원으로 변해가고 있다.

우리는 이제 오래전에 미국 시인 T. S. 엘리엇이 말한 문명과 황무지를 다시 되새겨서 물질의 노예로부터 벗어나서 정신적 여유로움을 찾아서 즐기는 생활을 하여야 하지 않을까 싶다.

• 02

희망을 기다리며

민족시인 이육사의 시 청포도는 1930년대 일제 식민지하에서 우리민족에게 희망을 불러 일으킨 시이다.

청포도의 구절을 부분적으로 보면

"내 고장 칠월은 청포도 익어가는 시절 /

이 마을 전설이 주저리 주저리 열리고 /

내가 바라는 손님은 고달픈 몸으로 청포를 입고 찾아온다고 했으니 /

내 그이를 맞아 이 포도를 따 먹으면 /

두 손을 함 뿍 적셔도 좋으련 /

아이야, 우리식탁엔 은쟁반엔 /

하이얀 모시수건을 마련해 두렴 /

이육사의 시는 일제 강점기에 희망을 잃어가고 있는 우리 민족에게 삶의 비전을 제시해 주었다.

한편 미국 작가 존 스타인 백의 분노의 포도라는 소설이 있다. 스타인 백은 미국의 국민성을 잘 묘사하고 있는 국민 작가이다. 그의 소설 분노의 포도의 소재는 1930년대 기계화 되어가는 미국 농촌마을 오클라호마에서 농민들이 고향을 버리고 새로운 희망을 찾아나서는 것을 묘사하고 있다. 인간의 삶에 대한 강한 애착을 보여주는 소설이다.

육사의 시 청포도와 스타인 백의 분노의 포도에서 은둔국과 패권국의 민족성을 느낄 수 있다.

우리 민족은 어둡고 힘든 시절에서 벗어나기 위해서 단지 소극적으로 기다리는 태도를 보이고 있다.

한편 미국인들은 힘든 삶을 적극적으로 도전하는 삶을 보여 주고 있다.

유럽의 수도사 문화를 헌 신짝 버리듯이 버리고 신천지 땅에 언덕위의 도성을 쌓아 나갔다. 그들은 불과 수세기 만에 인류 역사상 로마 이래 최강의 패권국으로서 전 세계에 그들의 성공모델인 팍스 아메리카나의 꿈을 키워 나가고 있다.

반 만년의 문화를 자랑하는 우리와 그들 사이의 차이점은 무엇인가.

한마디로 말하면 우리는 이 육사 시인의 청포도에서 나타나고 있는 소극적인 민족성을 가지고 있다. 은둔과 끈기를 사랑하고 체면을 중시하는 홍부예찬주의의 소유자들이다.

양반전에서 나오는 존경받는 선비는 배가 고파서 배에서 쪼르륵 소리가 나더라도 이쑤시개로 이만 쑤시면서 배부른 척을 해야 하는 체면을 중시하는 민족성이다.

반면에 미국인들은 배고프면 당당하게 밥 한 그릇 달라고 말 할 수 있는 사람을 존경한다. 그들은 그런 사람을 도와주고 해결하는 것을 당연하게 생각한다. 인간은 누구나 다 불완전한 존재이기 때문이다. 누구에게나 똑 같은 문제는 생길 수 있다는 것이다. 완전한 인간은 이미 이 땅에서 살지 않고 하늘나라에서 완전한 삶을 살아간다는 것이 그들의 사고이다.

미국식 삶의 성공 모델은 전 세계인들이 본 받아야 할 점이다.

현재 전 세계는 지구촌의 세계화라는 말로 표현되고 있다. 지구촌화는 세계가 국적이 없어져 가고 있다는 것을 의미한다. 세계화 추세에 우리도 배고프면 밥 한 그릇 주세요라고 당당하게 말할 수 있는 적극적인 자세로 삶을 살아가는 정신이 필요하지 않을까 싶다.

• 03

오즈의 마법사와 독립적 모험정신

오즈의 마법사는 프랭크 봄의 작품으로서 20세기에 헤리 포터와 함께 전 세계 어린이들이 가장 많이 읽은 작품이다. 동양과 서양의 차이점은 동양은 귀신을 내세워서 인간사회에서 일어나는 권선징악을 표현한다. 반면에 서양에서는 마술을 통해서 인간사회의 문제점을 해결해 나가고자 한다.

오즈의 마법사와 헤리 포터는 인간은 어린 시절부터 스스로 문제를 해결 할 수 있도록 하는 자립심을 키워야만 성공을 할 수 있다는 것을 보여주고 있다.

두 작품에서 주인공들의 공통점은 이모와 숙모라는 부모가 없는 집안의 어린이라는 점이다. 인간은 살아나가는데 성공을 하느냐 그렇지 않은가는 그 사람이 부모로부터 얼마나 빨리 독립하느냐에 달려 있다.

지미 카터 대통령의 부모는 카터가 5살 때 자신들이 운영하는 땅콩 농장에서 상당히 멀리 떨어진 마을에 땅콩을 팔러 내보내서 돈의 중요성과 자립심을 키워 주었다. 미국의 정치 명문가인 케네디 집안에서는 으레 20살이 될 때까지는 햄버거 가게나 접시닦이 등 아르바이트를 통해서 자신의 학비나 생활비를 벌어야 하는 것을 철칙으로 삼았다.

인간은 누구나 발을 편한 쪽으로 뻗으려는 심리가 있다. 인간은 누구나 부모에게 의존해서 일을 하지 않고서 편안하게 살려는 심리가 있다. 부모 역시 자식들을 편안하게 뻗어나가도록 하고 싶은 인간적 본능을 가지고 있다.

어려움을 모르고서 부모의 힘으로 어려움을 극복하는 사람은 인생에서 성공을 할 수가 없다. 부모의 보호막에서 벗어나지 못한 사람이 성공한다는 것은 낙타가 바늘구멍에 들어가기보다 힘이 들 정도의 확률이다. 잔디나 식물도 고이 보살피는 식물은 추위나 가뭄에 금방 죽어 버린다. 처음부터 물이 부족하거나 건조한 땅에서 자란 식물은 추위나 가뭄에 끝까지 잘 버티어 나간다.

두 개의 화분에 화초를 심어서 한 화초에는 2주일동안 계속해서 물을 주고 다른 화초는 2주일동안 전혀 물을 주지 않는 경우 어느 화초가 뿌리를 더 많이 내리고 튼튼한 화초가 될 것 인가를 실험해 보도록 하자.

실험의 결과는 2주일 동안 전혀 물을 주지 않은 화초가 계속해서 물을 준 화초보다 뿌리를 훨씬 더 튼튼하게 깊이 내리고 더욱 튼튼한 화초로 변해있다. 물을 주지 않은 화초는 웬만한 가뭄에는 시들지 않고서 살아남는다. 정기적으로 물을 주고 고이 가꾼 화초는 물을 조금만 주지 않아도 금방 시들어서 죽어버린다.

인간도 마찬가지 이다. 자신이 스스로 밑바닥부터 다양한 경험을 한 사람은 웬만한 위기와 시련도 극복해 낼 수가 있다. 부모로부터 재산을 물러 받은 사람들은 그 재산을 얼마 가지 않아서 다 날려버린다.

대기업의 재벌 정도의 재산을 물러 받은 경우라도 물러 받은 재산을 유지해 나가기가 쉽지가 않다. 수년전에 한국최고의 재벌그룹의 2세 회장이 자신의 사무실에서 뛰어내려서 자살하는 것을 뉴스를 통해서 보았다. 만일에 그 회장이 스스로 일구어낸 재벌그룹의 1세라면 그는 자살을 했었을 것인가. 한국 재계 2위와 3위를 하던 대우그룹의 재벌 1세 회장은 더 큰 어려움이 있었지만 그는 자살이라는 극단적인 행동은 하지 않았다. 이점이 재벌 1세와 2세의 차이점이다.

우리는 오즈의 마법사와 헤리 포터에서와 같이 자기 스스로가 독립을 하고 자신에 대해서 책임감을 느끼고 또한 성공을 위한 모험을 감행하여야 한다.

콜럼버스가 지구가 둥글다는 확신을 가지고 모험을 건 항해를 하지 않았더라면 그는 아메리카 대륙을 발견한 역사적인 인물로 기록되지 못했을 것이다. 남극과 북극을 발견한 탐험가 아문젠과 피어리 역시 모험정신이 없었더라는 그들의 존재는 없었을 것이다.

인류최초로 심장이식 수술을 시도한 버나드 박사 역시 모험을 걸지 않았더라면 인류의 심장이식은 늦어졌을 것이다. 최초로 우주탐험에 도전한 우주인들도 마찬 가지로 생명을 건 모험을 감행 하였기에 그들의 도전정신은 인류의 귀감이 되고 있다.

인간에게 필요로 하는 정신은 부모로부터 빨리 독립하여 자기 스스로 책임감을 가지고 인생을 살아가는 도전정신이 필요하지 않을까 한다.

• 04

어린이는 어른의 아버지

영국의 낭만주의 시인 윌리엄 워즈워드는 그의 시 무지개에서 어린이는 어른의 아버지라고 표현하고 있다. 어린이는 어른의 아버지라는 말은 현대의 미국과 유럽과의 관계를 잘 나타내고 있다. 미국의 역사는 근세 독일의 신성로마제국에서 1618년에 시작된 30년 종교전쟁에서 그 뿌리를 내리고 있다.

유럽문화와 미국문화와의 관계는 어린이와 어른과의 관계라 할 수 있다.

불과 수 세기 만에 미국은 전 세계에서 미국식 성공모델을 창출하였다. 전 세계의 문화는 미국식 모델로 되어져 가고 있다. 세계의 거리는 스타박스 커피와 코카콜라의 간판으로 메워져 가고 있다. 젊은이들은 나이키 신발을 신고 다닌다. 할리우드 영화는 아프리카 구석과 아마존의 밀림지대까지 들어가고 있다.

세계인들은 자기나라 수상의 이름은 몰라도 미국의 유명 영화배우 톰 크루즈의 이름은 알고 있다.

전 세계의 500대 다국적 기업 가운데 절반이상이 미국 국적의 기업이다. 실용학문인 경영학의 MBA 프로그램을 가진 최고명문 학교 10개중에 8개가 미국에 있다. 노벨상도 문학상부분에서만 문학의 나라 프랑스이어 2위라는 것을 제외하고는 모든 분야를 휩쓸어 버린다.

영어도 이제는 본고장 영국보다는 미국식 영어를 배워야 한다. 선진국인 독일과 불란서에서부터 후진국에까지 영어 배우기 열풍에 휩싸여져 있다. 한국에서도 자녀들의 영어를 가르치기 위해서 조기유학을 보내면서 기러기 아빠들이 늘어나고 있다.

이정도로 언급하면 전 세계의 미국화 바람을 짐작할 수가 있다.

영국의 작가 찰스 디킨즈는 그의 "위대한 유산"에서 미국인들을 무식쟁이로 몰아붙였다. 그동안 미국은 문화와 전통이 없는 국가라는 이유로 유럽인들로부터 무시를 당하면서 살아왔다.

미국은 유럽을 떠나면서 유럽인들이 가지고 있던 낡은 짐

보따리를 훌훌 내던져 버렸다. 새로운 마음으로 새로운 문화를 창조해 나갔다. 초대 대통령인 조지 워싱턴은 유명한 고별연설에서 유럽문화와의 결별을 후세인들에게 당부 하였다.

미국이 유럽문화보다 앞선 것은 결국 낡은 문화와 사고방식에서 벗어나서 자유롭게 새로운 삶을 추구해 나갔기 때문이다.

만일 미국이 유럽식 낡은 수도사 문화를 그대로 답습 하였더라면 미국인들은 아직까지도 유럽의 테두리를 벗어나지 못하는 삶을 살아가고 있을 것이다.

고전 경제학자 조셉 슘페터는 파괴 없는 창조는 불가능하다는 창조적 파괴의 필연성을 강조하고 있다.

현대를 살아가는 우리들에게 오랜 역사와 전통은 새로운 창조와 발전에는 별로 큰 도움이 못 된다는 것을 보여주고 있다. 우리는 선조로부터 물러 받은 전통과 문화의 테두리에 얽매일 것이 아니라 기존의 문화를 바탕으로 새로운 문화를 창조해나가야 만이 풍요롭고 발전적인 삶이 아닌가 싶다.

• 05

금삼의 피와 여성존중

금삼의 피는 월탄 박종화 선생이 쓴 역사소설의 제목이다. 박종화 선생은 자고 가는 저 구름아, 다정불심 등 많은 역사소설을 쓴 우리에게 잘 알려진 소설가이다.

금삼의 피는 한 여인이 토해낸 한줌의 피가 우리 조선조의 역사를 광란의 역사로 몰아 붙였다는 것이다. 금삼이란 비단옷이라는 말이며 이 비단 옷에 토해낸 여인의 한 맺힌 피가 조선의 역사를 광란으로 몰아갔으며 그 여인이 바로 연산군의 어머니 폐비 윤 씨이다.

연산군의 생모인 폐비 윤 씨는 질투심이 많아서 성종은 윤씨를 폐비로 만든 후 사약을 내렸다. 사약을 받으면서 윤씨는 자신의 친정어머니에게 자신이 죽으면 자신이 토해낸 피 묻은 비단옷을 버리지 말고 농에 넣어두었다가 아들이 왕이 되면 이 옷을 아들에게 주라는 마지막 유언을 하였다.

윤씨가 죽고 그 어머니가 윤씨가 토해낸 피 묻은 옷을 장롱 속에 간직하고 있다가 외손자인 연산군이 왕이 되자 왕을 찾아가서 그 피 묻은 옷을 보여주자 갑자기 연산군이 폭군으로 변하기 시작했다.

한 여인의 한 맺힌 피 묻은 옷으로 인해 조선조의 역사는 사화의 연속으로 이어진다. 화는 화를 자촉하게 되었다. 금삼의 피는 여인이 한을 품으면 오뉴월에도 서리가 내린다는 것을 보여 주었다.

아메리칸 인디언의 경우는 모계 중심사회이기 때문에 여성의 지위가 남성보다 더 위에 있었다. 전통적으로 서양사회나 동양 사회에서는 여성보다 남성이 더 중요한 부계중심의 사회를 유지해 나갔다. 여성에 대한 성적인 차별은 중세기의 마녀사냥을 비롯하여 근세에 시작된 선거권에서조차 남녀의 불평등의 차별대우를 받았다.

20세기에 들어서야 영국을 비롯한 서양사회에서 여성에 대한 투표권이 주어 졌다. 여성차별과 비하에 대한 말은 서양의 철학자들 사이에서도 자주 거론되었다. 동양에서도 여성에 대한 차별이 심하였으며 일반 서민 집에서는 여성들 간에 교육을 비롯하여 모든 면에서 차별을 두었다.

최근에 들어서 여성들의 여권이 많이 신장되면서 사회적

으로 여성들에 대한 기회가 남성과 똑같이 주어지면서 정치, 경제, 사회, 예술 분야에서 여성들이 두각을 드러내기 시작하였다.

여성과 남성에 대한 차별화를 없애는 길은 바로 인류의 발전을 위해서 필요하다. 과거에는 여성을 비하하여 암탉이 울면 집안이 망한다는 말로서 여성이 나서는 것을 막았다.

여성이 모든 분야에서 적극적으로 나서야 남성도 경쟁심을 가지고 적극적으로 일을 하게 된다.

여성이 남성보다 열등하다는 생각은 최근 여성이 모든 분야에서 두각을 드러냄으로서 잘못된 생각이라는 것이 판명되었다. 가정에서도 아버지의 위상이 많이 약화되었고 앞으로 계속해서 약화 되어질 전망이어서 부권약화 현상은 여권이 더욱 강화되는 현상이 나타날 전망이다.

이제 우리는 과거 여성의 차별화로 인해 여성이 한을 품어서 인류의 역사를 광란의 역사로 몰아넣었던 과거사를 다시 한 번 생각하고서 직장에서나 사회에서 여성을 존중하는 마음을 가져야 할 것이다.

• 06

젊은 베르테르의 기쁨

소설가 정비석 선생은 후고구려를 세우려다 실패한 신라의 태자 궁예가 죽기 전에 쫓겨 갔던 철원에서 인생의 무상과 시간이 빨리 지나감을 그의 글 산정무한에서 이렇게 나타내고 있다.

"태자 가신지 천년이 지났으니 천년도 수유든가 고작 70 생애의 희로애락을 싣고 각축하다 한 움큼의 부토로 돌아가는 것이 인생이라 생각하니 갈 곳 없는 나그네의 마음은 암연히 수수롭다."

정비석 작가의 글에서 인생은 결국 한 움큼의 썩은 흙으로 돌아가며 세월 또한 빨리 지나간다는 삶의 허망함이 잘 묘사되고 있다.

인간은 누구나 다 허무를 느끼고 살아간다. 꿈의 해석으로 우리에게 알려져 있는 심리학자이자 정신과 의사인 지그문트 프로이드는 인간은 누구나 무의식 상태에서 무로 돌아가고 싶은 생각을 항상 가지고 있다고 한다. 그것은 인간은 원래 무에서 나와서 현재는 유로 존재하다가 다시 무로 돌아가기 때문에 유에서 무로 돌아가는 싶다는 생각이 무의식적으로 잠재되어져 있다는 것이다.

현대인들은 누구나 다 무로 돌아가고 싶은 자살충동을 느끼고 있다. 얼마 전에 한 언론기관에서 조사한 여론조사에서 젊은이 10명중에 9명이 자살의 충동을 느낀 적이 있다고 한다. 일부 연예인들 가운데에는 자신의 인기도에 만족하지 못해서 자살을 하는 사례가 늘어나고 있다.

미국에 부모를 따라서 이민 간 1.5세대의 총기난동사건이라는 슬픈 인생의 종말은 전 세계인들에게 충격을 안겨주었다.

현대인들의 자살사건은 수세기전 독일의 문호 괴테의 젊은 베르테르의 슬픔을 떠오르게 한다. 베르테르가 실연한 나머지 자살하는 것을 모방하여 유럽전역의 많은 젊은이들이 자살을 하였다는 사실을 연상시키고 있다.

인간은 시대를 넘어서 누구나 무로 돌아가고 싶어지는 본능을 가지고 있다. 이것은 인간과 동물의 차이점이다.

요즈음 현대인들 사이에 평생직장이라는 말은 없어지고 평생 직업이라는 말이 통용되고 있다.

철 밥통이라던 평생직장에서 항상 철새처럼 떠돌아 다녀야할 평생 직업관의 사회를 비관적으로 볼 것이 아니라 긍정적인 마인드로 보아야 한다.

평생 직업으로 인해서 현대인들은 항상 창조적인 정신으로 자신의 업무에서 새로운 가치창출을 하려고 노력한다. 따라서 우리는 젊은 베르테르의 슬픔을 베르테르의 기쁨으로 바꾸어서 기쁜 마음으로 사회에 적응해 나가는 마음이 필요하지 않을까 한다.

• 07

잠들기 전 10분간 명상과 효력

미국을 현재의 패권국으로 도약하도록 기초를 만든 대통령은 바로 시어도어 루즈벨트 대통령이다. 해군 차관출신으로 파나마 운하에 대한 건설계획을 수립하였으며 미국을 세계 최고의 해양국으로 만든 장본인이다.

그는 리더십을 중요시 여겨 리더는 인재를 발굴할 수 있는 능력이 있어야 한다는 점을 강조하였다. 또한 리더는 부하에게 권한을 위임하고 분담하는 임파워먼트를 하여야 하며 참을성을 가지고 부하가 한 일에 대해서 기다려야 한다는 현대의 리더십 기술에 대한 기본방향을 제시 하였다.

인생을 살아가면서 조그마한 자투리 시간이 인생을 바꾼다는 것을 보여주는 일화가 있다. 바로 미국의 26대 대통령

시어도어 루즈벨트 대통령의 학창시절 이야기에서 찾아볼 수 있다.

루즈벨트가 고등학교에 다닐 때 그는 항상 2등만 하였다. 1등을 하는 학생은 항상 일등만 하였다. 승부욕이 강한 루즈벨트는 자존심이 허용하지 않았다. 그는 어떻게 하면 1등을 할 수 있을까 고심한 결과 일등을 하고 있는 학생보다 10분간만 공부를 더 하기로 계획을 세웠다. 맞은편에 있는 1등 학생의 기숙사 방의 불이 꺼지고 나서 10분간 더 공부를 하고나서 자신도 불을 끄고 잠자리 들었다. 그런데 이상하게도 10분간 공부를 더 한 효과는 바로 나타났다. 1등하는 학생보다 10분간 더 공부를 한 것은 루즈벨트가 그 학생을 제치고 1등을 하도록 하였다.

루즈벨트는 이후 계속해서 그 학생 보다 10분간을 공부를 더한 결과 1등을 하던 학생을 제치고 자신이 수석으로 졸업을 하도록 만들었다. 10분간의 노력은 인생을 이렇게 바꾸어 놓았다.

인간은 누구나 밤에 침대에서 잠들기 전에 오늘 한 일과 내일 할 일에 대해서 단 몇 초라도 생각을 한다. 종교인들의 경우는 하느님 혹은 부처님에게 내일은 더 나은 희망이 있도록 기도를 하고서 잠자리에 든다.

우리가 살아 나가면서 자신이 잠들기 전에 오늘 한일에 대해서 10분간을 연구 분석하고 다시 피드백 시켜서 가장 좋은 방법을 찾아 놓고서 다음날 어제 저녁에 계획한 방법대로 추진해 나가도록 노력을 해보라.

10년 후 그 사람은 10분간을 할애하지 않고 그냥 잠 들어버리는 사람과는 완전히 다른 성공의 길로 가고 있을 것이다.

잠들기 전 10분간 자신이 오늘 한 일을 다시 생각해서 다음날 자신의 생활을 새로운 방법으로 개선해 나가는 사람은 그렇지 않은 사람과는 완전히 다른 성공의 삶을 살게 된다.

현대를 살아가는 우리에게 필요한 것은 오늘 한 일에 대해서 잠들기 전 10분간만이라도 다시 연구하고 분석하여 가장 합리적인 대안을 찾아서 다음날 새로운 방법으로 접근을 시도해 나갈 필요가 있다. 이러한 합리적인 생활방식은 현대인들이 성공을 향해서 나가는 가장 지름길이라고 생각한다.

7

훌륭한 인간관계

• 01

인간 소외현상

프랑스 혁명에 가장 큰 영향을 준 프랑스의 대사상가 장 자크 루소는 그의 사회계약론에서 인간은 누구나 태어나면서부터 쇠사슬에 묶여서 사회생활을 하지 않으면 안 돼는 운명을 가지고 태어났다. 인간은 자연 상태에서는 살수 없는 운명을 타고났기 때문에 사회계약을 하지 않을 수 없다는 사회계약론의 이론적인 근거를 제시하고 있다.

루소의 말과 같이 인간은 태어나면서부터 사회생활을 하지 않을 수 없다. 사회생활의 바탕을 형성하고 있는 것이 바로 인간관계인 것이다. 루소의 말과 같이 인간은 태어나면서 어머니와의 관계로부터 인간관계를 시작해서 죽는 순간까지 인간관계를 유지해 나가다가 죽음을 맞이하게 된다.

인간관계에 의해서 인간은 사회적으로 성공적인 삶을 살 수도 있으며 그 반대로 불행한 삶을 살아갈 수도 있는 것이다. 인간관계는 자신이 몸담고 있는 조직으로부터 시작해서 가장 가까운 가족관계에까지 모두 포함된다.

대부분 사회적으로 성공한 사람들은 만인들의 도움이 없이는 큰일을 해내지를 못한다. 국가의 중요한 정치인이나 대기업의 사장을 비롯하여 중요한 위치는 다른 사람들로부터 추앙을 받아서 올라가게 된다.

성녀 마리아 테레사 수녀로부터 시작해서 철학자 칸트에 이르기까지 그들이 이루어 놓은 업적보다는 그들이 주변사람들과 훌륭한 인간관계를 만들어 놓았기 때문에 그만큼 성공을 한 것이다.

최근 철 밥통이라 불리던 공무원 사회에서까지 무능 공무원 퇴출바람이 불고 있다. 공직사회에서 퇴출 1순위에 올라있는 사람들을 보면 인간관계가 원만하지 못한 사람들이다.

퇴출되는 공무원들 가운데서 상당수는 도덕성이나 업무능력 및 책임감에도 문제가 있기는 하지만 그보다는 그들이 만들어놓은 인간관계에서 실패한 경우가 대부분이다.

인간과 인간 사이에서 발생하는 가장 큰 문제는 갈등현상이다. 갈등현상은 인간소외 현상과 밀접한 관련을 가지고 있다. 현대인들은 소외현상을 더욱 더 많이 느끼고 있다. 사회학자인 데이비 리즈만은 그의 저서 "고독한 군중"에서 현대인은 많은 대중 속에서 고독과 소외감을 느끼고 있다는 것이다.

직장에서 자신이 소외되어져가고 있다고 생각하면서 동료나 상사와의 갈등을 초래하여 결국 조직에서 물러나게 하는 원인은 어디에서 오는가.

인간소외 현상에 대해서는 고전 철학자인 칼 마르크스와 그람쉬, 루카스, 고르쉬 등 정통 마르크스 학파의 사상을 토대로 이해할 수 있다.

정통 마르크스학파에 의하면 인간소외현상을 세 가지 원인에 두고 있다.

우선은 자신의 동료인 친구로부터 소외현상이 생기게 된다. 인간은 가까워지면 질수록 친근감이 생기는 반면에 친구와 비교하는 습성이 무의식적으로 잠재하게 된다. 남의 떡이 더 커 보인다는 속담이 있다. 친구가 일을 더 잘하고 두각을 드러내는 것처럼 느끼게 된다. 친구와의 비교는 조직에서 자신이 스스로 무능력한 사람이라는 것을 느끼게 한다. 이러한 상대적 비교는 자신과 친구와의 갈등을 초래하게 된다.

다음으로 마르크스의 이론은 자신이 하는 일로 부터 인간은 소외감을 느끼게 된다는 것이다. 조직에서 매일 매일 똑같은 일을 반복하면서 인간은 자신이 하는 일에 대해서 가치성을 잃어가게 된다. 그와 비례해서 자신이 하는 일로부터 소외감을 느끼게 된다.

매일 똑같은 일의 연속과 반복은 인간 스스로가 일로부터 실증을 느끼면서 동시에 일에 대한 소외현상이 생기게 된다. 동시에 동료들의 일이 더욱 더 가치 있는 일로 생각되어지면서 조직에서 갈등을 빚게 된다.

세 번째로 인간은 주변 환경에 대해서 소외감을 느끼게 된다. 현대의 기술과 과학의 급속한 발달은 급속한 주변 환경의 변화를 초래하게 된다. 인간은 이러한 신속한 변화에 대응해 나가는 과정에서 소외감을 느끼게 된다.

수작업에서 기계작업으로 변화되어 적응하는 순간 컴퓨터 작업으로 변화되는 주변 환경에 자신은 컴퓨터 지식을 얻어서 적응해야하는 어려움에 처하게 되면서 소외감을 느끼게 된다. 또한 수십 층의 현대식 엘리베이터 문 앞에서 서 있으면 거대한 빌딩에 비해 스스로가 보잘 것 없다는 소외감을 느끼게 된다. 이러한 주변 환경의 변화에 대한 소외감은 조직에서 갈등현상을 초래하게 된다.

이상의 인간소외 현상이론을 보면 현대인은 누구나 공통적으로 소외감을 느끼면서 살아가고 있다.

그 소외를 어떻게 적응해서 스스로가 소외감으로부터 해방되어서 훌륭한 인간관계를 유지해 나가야 하는가가 중요하다.

동료와의 관계는 상호존중을 바탕으로 하여야 한다. 매일 대하는 동료 일수록 좋은 매너를 가지고 대해야 한다. 다음으로 자신이 하는 일에 대해서는 항상 창조적인 마인드로 새로운 시각에서 새로운 방향으로 접근을 시도하여야 한다. 같은 업무라도 매일 매일 다른 업무라는 생각을 갖고서 일을 하도록 하여야 한다.

주변 환경의 변화에 대해서 민감하게 주변의 트랜드를 신속하게 읽으려고 노력하여 다른 사람보다 한발 앞선 미래 지향적인 창안을 항상 하도록 노력하여야 한다.

이러한 생활을 추구해 나갈 때 현대인들은 소외감으로부터 해방되어 자유롭고 성공적인 삶을 살아갈 수 있지 않을까 생각된다.

• 02

평강공주와 바보 온달

우리는 어릴 때부터 울보 평강공주와 바보 온달에 대한 설화를 자주 들어 왔다. 바보 온달이 고구려 평강왕의 사위가 되어서 대장군으로서 나라를 위해서 많은 공을 세우고 신라와 아차 산 전투에서 아차 하는 실수로 적의 화살에 맞아서 죽었다. 온달의 시체를 장사지내려 하였으나 시체가 떨어지지 않자 평강공주가 시체를 어루만지자 그제사 온달의 시체가 떨어져서 장사를 지낼 수 있었다는 설화이다.

바보 온달은 어째서 왕의 부마가 되고 역사에 남는 훌륭한 인품을 가진 장군이 될 수 있었을까.

바보 온달이 훌륭한 장군이 된 것은 평강공주가 자신감이라는 동기를 부여하였기 때문이다. 인간은 누구나 다 자신을 파헤쳐보면 자신의 내 면 속에는 남에게 들키지 않기를 원하는 열등감으로 가득 차 있다. 나폴레옹도 키가 작다는 열등감을 가지고 있었으며 칸트도 병약한 신체에 대한 열등감을 항상 가지고 있었다.

열등감을 긍정적인 사고로 바꾸는 경우 그는 인생에서 자신감을 가지고 큰 업적을 남기게 된다.

바보 온달장군은 평강공주로부터 자신감을 얻었다. 인간은 자신감을 가지고 있는 사람과 그렇지 않는 사람은 인생을 성공과 실패를 가름하는 결정적인 요소로 작용을 하고 있다.

정신적으로 자신이 살아날 수 있다는 긍정적인 생각을 가진 사람은 아무리 생존하기 힘든 병도 극복해서 병으로부터 회복한다. 반면에 자기 스스로가 삶에 대한 애착을 잃어버린 경우는 아무리 경미한 병이라도 쉽게 고치지를 못한다.

우리는 미국작가 오 헨리의 "마지막 잎 새"에서 죽음을 앞둔 소녀는 자신이 바라보는 건너편 담 벽의 담장이 잎 새가 떨어지는 날 자신은 죽는다고 생각했다. 그 소녀를 위해서 담 벽에다 마지막 한 잎 새를 몰래 그림으로 그려 놓았더니 그 소녀는 드디어 병마와 싸워서 회복 되었다는 이야기는 인간이 살아나가는데 자신감이 얼마나 중요한지를 잘 보여주고 있다.

현대를 살아가는 사람들은 자기 스스로 부정적인 열등감으로부터 벗어나서 인생을 개척해 나가야만 한다.

현대를 살아나가는데 열등감이란 성공의 촉매제가 될 수가 있다. 열등감을 부정적으로 보고서 자신의 신세 한탄이나 하다가 좌절속으로 빠져버리는 경우 인생은 절망속으로 빠져들게 된다. 반면에 열등감을 자신감으로 바꾸어서 자신이 원하는 목표를 향해서 매진해 나갈 때 자신이 목표로 세운 열매를 수확 할 수 있는 삶을 살게 된다.

• 03

인생은 마라톤

그리스의 괴짜 철인 제논은 제논의 역설로서 유명하다. 제논의 역설은 느림보 거북이와 그리스에서 가장 빠른 용사 아킬레우스가 서로 경주를 하는 경우 만일 거북이가 한 걸음이라도 먼저 출발을 하면 그 경주는 거북이가 승리를 한다. 용사 아킬레우스가 한발이라도 앞서서 출발을 하는 경우에는 아킬레우스가 그 경주에서 승리를 한다는 제논의 역설을 주장 하였다.

제논은 당시 삶을 살아가는 젊은이들에게 인생에서 출발이 얼마나 중요한 것인가를 강조하기 위해서 이와 같은 주장을 하였다.

단거리 경주에서는 스타트인 출발이 좋아야 경주에서 승

리를 할 수 가 있다. 100미터 단거리는 초를 다투는 경주이다. 약 43킬로미터를 달려야하는 장거리 마라톤에서는 출발이 별로 큰 의미가 없다. 오히려 나중에 힘을 내기 위해서 처음에는 앞에 주자를 내세워서 뒤에서 따라가는 경우도 흔히 사용하는 전략이다.

대기만성이라는 속담이 있다. 큰 그릇은 나중에 만들어진다는 것이다. 사과를 비롯하여 크고 맛있는 과일은 나중에 서서히 익는다. 크고 좋은 도자기는 오래 동안의 구이를 거치고 오랜 시간을 거친 후에 좋은 도자기가 만들어지는 것이다. 칼도 명검은 수많은 담금질을 통해서 명검이 만들어진다.

인생도 마찬가지 이다. 최후까지 노력을 하는 사람이 결국 승리를 한다. 최후에 웃는 자가 가장 잘 웃는다. 라는 말이 있다. 초기에 잘 나가는 사람은 얼마가지 못해서 내려 앉는다. 달은 차면 기운다는 말과 같이 빨리 차는 사람은 그 다음에는 기울 수밖에 없는 것이 자연의 철칙이다. 회사에서도 빨리 승진을 하는 사람은 그만큼 조기에 퇴사를 하여야 하는 것이다.

인생도 길고 짧은 것은 두고 보아야 한다는 말이 있다. 인생에서 조금 앞섰다고 오만하던 사람은 대부분 뒤따라오는 사람에게 자리를 빼앗기고 만다.

인생은 마라톤이다. 라는 말은 누구나 다 아는 평범한 진리인 것이다. 마라톤에서 앞서고 있다는 것은 뒤 따라오는 사람에게 자신을 추적할 힘을 주고 있기 때문에 자신이 더욱 겸손해서 분발하지 않으면 곧장 뒤따라오는 사람에게 경주에서 지게 된다.

마라톤 경주와 같이 인생에서도 처음 어느 정도는 까지는 힘을 길러두었다가 어느 정도의 힘이 생기게 되면 그때부터 본 게임에 들어가서 최선을 다하는 인생 프로그램을 세울 전략이 필요하다.

초기에 너무 앞서가서 나중에 지쳐 버리는 인생 전략은 좋은 전략이 못된다.

인생에서 승자가 되기 위해서는 초기에 앞서가는 사람을 부러워 할 것이 아니라 힘을 길러서 본게임에서 승리를 할 수 있는 부단한 노력이 필요하다.

마라톤에서 마지막 승자에게 필요한 것은 초기에 힘을 내어서 앞서나가는 주자가 아니라 마지막에 낼 수 있는 힘을 비축해 두는 현명한 전략을 사용하는 주자가 결국 승리를 하게 된다.

우리도 인생을 살아가면서 인생은 마라톤이라는 평범한 진리를 거울삼아 현재 잘 나가고 못 되고 있는 것에 대해서는 관심을 갖지 말고 장기적인 안목에서 겸손한 마음으로 삶을 살아가야 하지 않을까 생각된다.

• 04

업은아이 3년찾기

남성 넘버원이라는 흘러간 노래의 가사에서 "유학을 하고 사교춤 추어야만 남자인가요"라는 가사를 기억하고 있다. 이 노래가사에서 외국에서 공부를 하고 또한 영어를 하고 서양 댄스를 출 수 있어야 사회에 나가서 성공적인 삶을 살 수 있다는 것이다.

일제하에서 너도 나도 희망이 동경유학이었다. 그 후 해방과 함께 미국문하 권에 들어서자 이번에는 미국유학이 꿈이었다. 우리나라의 토종 된장은 싫어하고 미국인들이 먹는 버터와 치즈와 빵을 좋아하게 되었다. 자국의 문화는 전부다 미국식 문화 속으로 빠져 들어 동화되어져 가고 있다.

인생을 살아가면서 대부분의 사람들은 자신이 필요로 하

는 것이 먼 곳에 있다는 생각을 한다.

지금부터 약 백 년 전 아프리카 남아공에서 세계에서 가장 큰 다이아몬드 광이 발견되었다. 당시 일확천금의 꿈을 가지고서 다이몬드 광을 찾아서 나선 한 젊은이에 대한 일화가 있다. 아이러니 칼 하게도 그 다이아몬드 광이 발견된 곳은 바로 다이아몬드 광을 찾아서 자신의 모든 재산을 다 팔아서 전 세계 각지로 헤매다가 거지가 되어서 다시 자신의 고향으로 돌아온 그 젊은이의 집 앞마당에서 세계에서 가장 큰 다이몬드 광이 발견된 것이다.

이것은 실제로 있었던 사실이다. 우리는 모든 금은보화나 중요한 것들은 전부가 다 멀리 있다고만 생각한다. 실제로 보면 대부분 우리에게 정말 필요하고 중요한 것은 바로 우리 가까이에 있다.

"업은 아이 3년 찾는다."라는 말과 "등잔 밑이 어둡다."라는 말은 바로 이것을 두고 하는 말이다.

인생을 살아가면서 대부분의 사람들은 필요한 것들을 멀리서 찾으려는 생각을 가지고 있다. 공부도 미국이나 영국과 같이 먼 나라에 가서 공부를 해야 만이 더 많은 것을 배운다고 생각한다. 우리나라는 특히 지역적으로 대국인 중국에 눌려서 살아온 근성 때문에 남의 나라의 문화나 문물을 높이 평가한다.

일상생활에 필요한 모든 물건들도 외제를 선호하는 경향

이 있다. 외제의 상표가 붙어있어야만 더욱 고급스러운 물건인줄 알고 있다. 우리의 실생활과 관련된 모든 것들이 다 영어로 쓰여 져 있어야 우리의 마음에 든다.

커피도 스타박스 커피에 대적하기 위해서는 영어로 된 이름을 가진 커피 숍 이라야 어느 정도 장사가 된다. 같은 콜라 맛도 독립콜라라는 이름의 깡통에 들어있으면 맛이 없어 보인다. 얼마 전 강남의 고급과 명품만 취급하는 점포에서 전부 중국산 가짜 상품을 가지고 이태리나 미국 등의 유명 상표를 붙여서 수백 배의 차익을 남기다 적발 된 사례가 있었다.

역사적으로도 우리나라의 세종대왕께서 만들어 놓은 한글은 우습게 여기고 중국의 한문만을 중시 여겨 왔다. 중국의 문물을 중시하고 영어를 가까이 하는 것도 중요하지만 우리의 고유한 전통은 살려 나가면서 서양의 발달된 문화를 받아들여야만 가치가 있게 된다.

서양속담에 "옆집 잔디가 더 푸르러 보인다."라는 말이 있다. 남의 것만 좋아하고 우리 것은 천하게 여기는 마음을 버리고 세계화 추세에 맞는 삶을 살아가야 하지 않나 하는 생각이 든다.

• 05

위험감수의 삶

인생에서 성공하기 위한 조건은 무엇인가에 대한 세계적인 석학 막스 베버는 첫째는 모티브 즉 계기가 있어야 한다. 계기는 자기가 성공을 하기 위한 기회를 찾아서 나서야 한다. 도널드 트럼프와 같이 부동산으로 부자가 되기 위해서는 부동산과 관련된 곳으로 찾아가야 한다. 조지 소로스와 같이 투자로 성공하기 위해서는 투자와 관련된 분야로 연구를 시도하여 계기를 만들어야 한다.

자신이 성공하고자하는 분야에서 부자가 된 사람에게 찾아가서 기술과 방법을 터득하여야 한다. 혼자서 연구하고 이해하는 것보다 이미 성공한 사람으로부터 노하우를 배우게 되면 실패의 함정으로부터 피해 나갈 수 있다.

두 번째 성공 조건은 모험을 감수하여야만 성공을 한다. 모험을 감수한다는 것은 호랑이를 잡기 위해서는 호랑이 굴로 뛰어 들어가야만 한다. 독수리를 잡기 위해서는 독수리를 유인하여야 한다. 보물섬을 찾기 위해서는 해적들이 가지고 있는 보물지도를 목숨을 걸고서 빼내어야 한다.

세 번째 성공 조건은 운이 따라야 한다는 것이다. 파스칼의 말과 같이 인간은 대 자연의 주변 환경에 비교하면 약한 갈대에 불과하다. 주변의 변화와 자신의 계획이 맞아 떨어야만 성공을 거둘 수가 있는 것이다. 서양인들이 별자리를 보고서 그 별자리를 보는 점성술사들에게 물어보는 이유가 미래에 대한 예측불허의 미래에 대해서 지푸라기라도 잡으려는 심리에서 나온 미신인 것이다.

성공을 하기 위해서는 자신도 예상하지 못한 행운이 따라주어야만 성공을 할 수가 있는 것이다. 그 운이라는 것은 그냥 가만히 있는다고 해서 행운이 따르는 것은 아니다. 감나무 근처에 가서 누워서 감이 떨어지도록 기다려서는 안 된다.

막스 베버의 인간이 성공하는 세 가지 조건 중에서 가장 중요한 것은 위험을 감수하는 삶인 것 이다. 현재 미국 스탠포드 대학의 실리콘 벨리에는 수많은 젊은이들이 백만장자의 대열에 들어섰다. 그들은 전부가 다 벤처기업으로 성공을 이루어낸 사람이다. 벤처기업의 벤처라는 말은 영어의 어드벤처 즉 모험이라는 말에서 나온 말이다.

벤처기업의 정신이 바로 모험 정신인 것이다. 벤처기업 100개 가운데 5개만 성공을 하고 나머지 95개는 전부 다 망해 버린다. 다시 말하면 벤처기업을 해서 성공할 확률은 5퍼센트라는 아주 작은 성공확률을 가지고 있다.

성공할 확률이 작은 벤처기업에 뛰어든다는 것은 위험한 삶을 감수한다는 것을 의미한다. 현재 실리콘 벨리에는 전 세계에서 성공을 이루기 위해서 많은 젊은이들이 모여든다. 그들의 삶은 거친 파도를 헤쳐 나가는 항해사와 같은 것이다. 그들의 배는 금방 뒤집어질 것과도 같은 위험 속에서 파도와 싸우면서 나가고 있다.

산업혁명은 영국의 제임스 와트와 같은 발명가에 의해서 이루어 졌지만 산업혁명의 완성은 현재 벤처기업을 운영하는 젊은 벤처기업가에 의해서 이루어지고 있다. 질풍노도 속에서 언제 배가 뒤집어 질지 모르는 작은 배에 매달려서 배를 모는 그들의 삶이 있기에 인류는 디지털혁명을 비롯한 초기 산업혁명에서 한 단계 나아가는 인류의 산업혁명을 완성단계로 몰아가고 있는 것이다.

만일 위험을 감수하지 않고서 편안하게 살기를 원한다면 인생에서 대 성공은 불가능하다. 다행히도 현재 전 세계에서 많은 젊은이들은 벤처정신을 살려서 위험한 도전적인 삶을 살아가고 있다.

인생에서 편안하게 하루 하루를 보내는 삶을 살아갈 것인가 아니면 위험을 무릎 쓰고 성공을 위한 도전적인 삶을 살 것인가는 우리 스스로가 다시 한 번 생각해 볼 일이다.

8

진보적 사고와 프런티어식 삶

• 01

진보적 사고방식

남들보다 별나 보이는 옷을 입는 다거나, 주변시대에 앞서 나가는 생각을 가진 다거나, 같은 길이라도 다른 길로 돌아서 가본다거나, 하는 사람들을 우리는 막히지 않은 사람이라고 한다. 반면에 옷이나 넥타이등 한가지만을 그대로 입고서 길도 똑같은 길만 그대로 가는 융통성이 없어 보이는 사람을 우리는 보수적 사고를 가진 사람이라고 한다.

보수적 사고는 주변의 변화에 맞추어서 같이 변화를 추구해 나가지 않는 사람들을 보수주의 성격을 가진 사람이라고 한다. 다시 말하면 보수는 재미없는 사람과 같이 보인다. 반면에 진보는 외형상 재미있어 보이는 친근감과 호감이 간다.

보수와 진보에 대해서 학문적인 관점에서 보면 굉장히 지루하고 복잡하다. 보수는 현실주의를 추구하고 진보는 이상주의를 지향하는 사상이다. 인류 역사를 통해서 진보는 이상을 향해서 노력을 하여 인류를 어느 정도 불안정하게 만들기는 하지만 인류의 역사를 한 단계 끌어올리는데 중요한 역할을 하였다.

보수는 진보가 불안정하게 만들어놓은 혼란을 안정화 시켜서 역사가 광란의 역사 속으로 내몰리지 않도록 제동을 거는 브레이크 역할을 하였다. 진보와 보수 모두가 인류의 발전을 위해서 필요하며 사실상 둘 다 인류발전에 있어서 필요하다. 인류발전의 원동력으로서 보수와 진보 모두가 중요한 요소이다.

인류역사를 통해서 보수주의자의 대명사는 영국의 사상가 에드먼드 버크를 들 수가 있다. 반면에 진보주의 사상가는 영국 옥스퍼드학파인 이상주의자 토마스 힐 그린을 들 수 있다. 에드먼드 버크는 프랑스 혁명에 대해서 그의 논문 "프랑스 혁명에 관한 고찰"에서 프랑스 혁명에 대해서 반대를 하였다. 버크의 사상은 점진적인 사회 변혁을 추구해 나가는 사상이다. 반면에 그린은 이상주의 사회를 꿈꾸는 현대 사회복지 제도의 창시자이다.

인간이 삶을 살아가는데 진보적인 사고를 가져야 하는가 아니면 보수적인 사고를 가져야 하는가는 자신의 성격과 시대에 따라서 다르기는 하다.

자신의 발전을 위해서는 진보적인 사고를 가져야 한다. 보수는 안정을 추구하는 삶을 살아간다. 반면에 진보는 불안정한 삶을 추구하기는 하지만 발전적인 삶을 살 수가 있다.

진보적 사고는 획일화 된 사고에서 벗어나서 앞으로 전진해 나가는 사고이다. 연령을 기준으로 하여 보수와 진보를 구분해 보면 젊은이들은 대부분 진보적 사고를 가지고 있으며 나이가 들어갈수록 점차적으로 보수적 사고를 가지게 된다.

국가를 보드라도 현재 미국인들은 대부분 보수적인 사고를 가지고 있다. 보수를 대변하는 미국의 공화당이나 진보를 대변하는 민주당은 둘 다 동전의 앞면과 뒷면 정도의 차이밖에 없다.

우리가 생각했던 아메리칸 드림을 꿈꾸던 개척기의 미국인들이 가지고 있었던 진보적 사고는 세계 패권국이 되면서 사라지고 안정을 추구하는 보수적 사고로 변하였다.

인간은 자신의 발전을 위해서는 획일적인 사고에서 벗어나서 매일 다른 방향으로 변화된 생활을 추구해 나가야 한다. 진보는 변화된 사고를 요구하고 있다. 그리고 새로운 생활방식을 요구하고 있다. 매일 똑같은 업무를 반복적으로 하면서 바깥바람 쐐기를 거부하는 사람들은 발전이 없는 사람들이다.

같은 옷이라도 재미있게 입어보고 매일 직장으로 가는 길도 다른 길을 택해서 가 보는 정신이 필요하다. 매일 사용하는 인터넷의 바탕도 새롭게 변화된 바탕으로 깔아보는 것도 좋은 방법이다. 머리모양과 남들이 하지 않는 남자가 귀걸이를 한다거나 여자가 남장을 하는 것도 진보적인 사고의 전초전이라고 할 수 있다.

외모 같은 사소하고 작은 일에서부터 틀에 박히지 않은 진보적 사고에서 출발할 때 자신의 내면 변화를 추구하는 진정한 진보적 사고는 확립된다고 생각된다.

• 02

창조적 괴짜

현대를 살아가는 사람에게 가장 필요하고 듣기 좋은 말은 무엇인가라고 질문을 하면 아마 창조라고 말하지 않나 싶다. 고전 경제학의 석학인 조셉 슘페터는 "창조적 파괴"라는 용어를 경제학에 도입하였다. 창조를 위해서는 파괴가 필수적인 요소로서 작용을 해야만 한다는 것이다. 새로운 도시를 창조하는 뉴타운을 건설하기 위해서는 기존에 있던 구 타운은 완전히 파괴를 하여야 뉴타운이 건설된다.

창조적 인간이란 말이 현대인들에게 성공을 위해서는 필요한 인간형으로 분류를 하고 있다. 창조적 인간으로 변신을 하여야만 직장에서나 사회에서 참신한 이미지를 주면서 미래 지향적인 인간으로 이미지를 창출한다는 것이다.

창조적 마인드는 현대인들이 가져야 할 필요한 마인드로 이해되고 있다. 창조적 마인드는 기존의 생각의 틀에서 벗어나서 새로운 생각의 틀을 형성한다는 말이다.

창조적 인간으로 변신하여야 조직과 사회에서 살아남을 수 있다는 것이 오늘날 현대인들이 공통적으로 가지고 있는 생각이다. 창조적이란 기존의 틀에서 벗어나서 새로운 것을 향해서 도전을 하여서 새로운 방향으로 접근을 시도해 나간다는 것을 의미한다.

요즈음 조직에서 성공하는 전략으로서 레드오션 전략과 블루오션 전략이라는 두 가지 전략을 사용하고 있다. 이중에서 레드오션 전략은 최초가 되는 것이 아니라 기존에 있던 시장에서 다시 파고 들어가서 최고가 되는 전략이다. 그러기 위해서 이미 있는 경쟁사들과 치열한 경쟁을 벌여야만 한다. 반면에 블루오션 전략은 기존에 존재하지 않는 신상품을 개발하여 최초가 되는 전략이다.

레드오션 전략은 경쟁이 워낙 치열하여 일등이 되기 위해서는 엄청난 희생을 감수하여야 만 한다. 레드오션이라는 말은 피바다라는 말에서 나온 용어이다.

블루오션 전략이란 남들이 하지 않는 분야에 새롭게 도전하여 최초가 되는 전략이다. 기존에는 존재하지 않기 때문에 경쟁상대가 없다. 블루오션은 문자 그대로 넓고 푸른 망망대해에 마음껏 노를 저어 나간다는 말이다. 대부분의 회사들은 레드오션의 전략보다는 신상품 개발인 블루오션의 전략을 원하고 있다.

블루오션의 전략을 추구해 나가기 위해서 필요한 것은 창조적인 아이디어이다. 창조적인 아이디어가 없이는 신상품의 개발은 불가능 하다. 블루오션 전략을 성공시키기 위해서는 조직원들이 창조적인 마인드를 가지고 있어야만 한다. 그렇지 못하고 다만 기존에 있는 상품을 약간 발전시켜 나가는 정도는 신상품이라고 할 수가 없다.

기존의 상품과는 완전히 차별화된 상품을 개발해 나가기 위해서는 창조적 괴짜 정신이 필요하다. 완전히 새로운 아이디어는 기존의 방식을 답습하고 모방하는 정신으로는 불가능하다. 조직에서 남이 보기에는 괴짜같이 보이는 아이디어를 자주 발상하는 사람들은 실제로는 기발한 아이디어를 창출해낼 가능성을 가지고 있는 사람이다. 남보다 앞선 아이디어가 다른 사람들에게는 이상하게 보일런지 모른다.

역사를 바꾸어 놓은 아이디어를 만들어낸 인물들이 대부분 당시에는 괴짜로 여겨졌던 아이디어들 이다. 창조적 괴짜 정신은 기업에서 성공하기 위해서는 필요한 정신이다. 조직에서 창조적 괴짜로 여겨지는 사람들은 틀림없이 본게임에 진출할 수 있는 마인드와 정신이 되어있는 사람들이다.

현대조직에서 성공적인 삶을 살아가기 위해서는 창조적

괴짜정신을 가진 마음으로 살아가야 하지 않나 하는 생각이 든다.

• 03

프런티어식 삶과 경영

미국인들이 가장 많이 인용하는 시의 구절은 영국 철학자이자 주교인 클론 버클리의 시의 일절인

"제국은 늘 서쪽으로 향했지 / 이미 제 4장은 지나갔고 / 다섯 번째 장이 나오면 막이 내릴 것이다 / 우리시대의 가장 아름다운 후예가 마지막으로 등장하리라"라는 시의 구절이다.

이중에서 제국은 늘 서쪽으로 향했지 라는 구절은 미국인이 아닌 영국시인으로부터 나왔다. 제국은 늘 서쪽으로 향했지 그들은 서쪽으로 서쪽으로 가서 태평양 연안에 도달해서 너무 기쁘고 지식에 목이 말라 학교를 세우고 이름을 버클리라고 명명 하였다.

이 시는 미국인들이 가장 좋아하는 시이다. 이 시 속에는 미국인들의 사상인 프런티어 사상이 깃들어져 있기 때문에 미국인들은 이 시를 가장 좋아 한다.

미국인들이 자랑하는 프런티어 식 삶이란 어떤 삶을 의미하는가.

프런티어는 미국인들이 개척기를 통해서 만들어낸 미국인들만이 가지고 있는 정신인 것이다. 미국인들은 유럽으로부터 가지고 온 계몽주의 사상을 신천지 미국 땅에 도착하면서 신천지를 개척하는 과정에서 만들어진 사상인 것이다.

미국인들이 개척기에 자연과 싸우면서 형성되어진 사상이 바로 프런티어 정신인 것이다. 시어도어 루즈벨트 대통령은 미국의 프런티어는 유럽과는 다른 미국인들이 개척기를 통해서 형성된 미국인들만이 가지고 있는 자랑스러운 정신이라고 주장 했다.

미국인들은 신천지 땅 미국을 개척해 나가기 위해서 필요한 정신은 협동정신과 팀 웍 정신 이었다. 그들은 팀 웍 정신만 잘되어 있으면 몇 사람이 모여서 로키산맥도 움직일 수 있다는 신념에 차 있다.

프런티어는 영국의 경험주의에다 실용주의를 합친 정신이라고 할 수 있다. 경험주의에다 실용주의가 합쳐진 프런티어 정신은 오늘날 미국을 인류 역사상 로마 이래로 최고의 강대국으로 만들어 놓았다.

프런티어는 실용주의와 경험주의에다 모험정신과 팽창정신을 가미했다. 미국인들은 동부에서 서부로 팽창정책의 필요성을 느끼면서 공격적 모험정신으로 서부로 개척해 나갔다.

현대의 조직이 성공을 하기 위해서는 프런티어 정신과 같은 팀웍과 모험정신이 필요하다고 본다. 미국의 프런티어를 기업정신에 맞추어서 추구해 나가면 성공의 지름길이 될 수 있다.

현대의 조직을 성공적으로 운영하고 자기 스스로 조직에서 성공적인 삶을 살기 위해서는 프런티어 정신의 기본인 팀웍 정신과 협동정신과 함께 모험정신이 필요하다고 본다.

• 04

쇼펜하우어와 니체의 인생론과 성공적인 삶

인류의 역사를 통해서 인간에게 염세주의 사상을 전한 사상가는 독일의 철학자 쇼펜하우어를 들 수가 있다. 쇼펜하우어의 염세주의 사상은 그 후 허무주의 사상을 인류에게 가르쳐준 니체에게 직접적인 영향을 주었다. 니체와 쇼펜하우어 두 사람 모두 현대인들이 인생을 살아가는데 이론적인 차원에서는 긍정적인 삶의 태도를 가르쳐준 사람들은 아니었다. 그러나 인간이 살아가는데 자극제적인 역할을 한 사람들이었다.

쇼펜하우어는 허무주의를 대변하는 니체에게 직접적인 영향을 준 사람 이었다. 니체의 허무주의와 쇼펜하우어의 염세주의는 인간이 살아가는데 필요한 소금을 제공하고 있다.

니체는 목사의 아들로 태어났지만 신은 죽었다는 부정적인 사상을 보여주고 있다. 그는 당시 교회의 많은 부조리에 대해서 인간에게 경각심을 불어 넣었다. 교회와 하느님만을 전적으로 따를 것이 아니라 신에 대해서는 인간은 저항하고 도전을 할 필요성이 있다는 것을 말하고 있다.

니체는 그의 불후의 명작 "차라투스트라는 이렇게 말했다."에서 신과 신의 존재에 대해서 도전을 하였다. 이것은 인간이 의지하고 가장 존경하는 신에 대한 도전은 결국 인간을 한 단계 발전시킬 수 있는 변화를 가져다 준 진보적인 철학자 이었다. 목사의 아들로 태어났기 때문에 마땅히 신의 존재에 대해서 옹호론적 입장을 보여야 할 인물 이었다. 그러나 신의 존재를 부정함으로써 신에 대해서 인간을 독립적인 정신을 가지도록 하였다.

니체의 허무주의는 당시 유럽이 자랑하던 인간의 발달된 문명에 대해서 부정 하면서 새로운 변화를 추구해 나가도록 하였다. 인간은 기존의 테두리에서 벗어나서 더 높은 곳을 향해서 전진해 나가는 자기 자신의 극복의 필요성을 강조하였다. 니체의 사상은 그의 명작 "인간적인 너무나 인간적인" 에서 인간은 새로운 도약을 향해서 끊임없는 변화를 추구해 나가야 한다는 것을 나타내고 있다.

니체의 허무주의사상은 결국 인간이 과거의 인간이 추구하던 이상은 우상에 불과하며 인간은 새로운 변화와 이상을 추구해 나가야만 한다는 것을 우리 인류에게 보여 주었다.

쇼펜하우어는 인류가 살아가는데 필요한 소금을 집어 넣어준 철학자 이었다. 그가 주장하는 인생관은 첫째, 인간은 태어나지 말았어야 만 한다. 두 번째, 일단 태어났으면 일찍 죽어야 한다. 세 번째, 일찍 죽지 않으면 자살을 하여야 한다는 것이다.

쇼펜하우어는 인생에 대해서 염세주의적인 사상을 전파한 사람이었다. 그러나 그는 결코 인생을 비관적으로 살도록 권유하지 않았다. 쇼펜하우어 자신도 열정적인 삶을 산 현실주의적 철학자 이었다. 자유주의자인 어머니와의 불화로 인해서 법적인 소송까지 벌여서 아버지 재산의 반을 어머니로부터 물러 받았다. 이때부터 그는 평생 독신으로 살면서 여성에 대해서는 편견된 생각을 가지게 되었다. 그는 여성을 잘 보아 주어야 고양이 정도로만 생각할 정도로 여성에 대해서 만큼은 후한 점수를 주지 않았다.

그는 철저하게 학문에만 집념하여 많은 업적을 남겼다. 자기 스스로에 대해서는 염세적인 인생관을 적용하지 않았다. 그의 불후의 명작 "인생론"은 인간이 어떻게 살아가야 하는가를 가르쳐준 방법론이다.

그의 인생론에서 몇 가지 살아가는데 필요한 명언을 보면 "돈을 빌려주면 친구는 잃어버린다." 그러나 "거절함으로써 친구는 잃어버리지 않는다." 또한 "돈은 바닷물을 마시는 것과 같다.", "바닷물은 마시면 마실수록 더욱 갈증을 느끼게 된다.", "재산도 마찬가지이다.", "재산은 가지면 가질수록 더욱 더 많이 가지고 싶어 한다."

쇼펜하우어가 인간에게 영향을 준 가장 큰 교훈은 현재를 충실하게 살며 현재에 대해서 즐거워하며 현재 위주의 인생을 살아라. 라는 교훈이다. 과거의 잘못은 단지 과거에 불과하며 지난 시간의 종속에 불과하다.

쇼펜하우어의 철학은 의지의 철학이라고 규정하고 있다. 인간은 자기의 의지에 맞추어서 살아갈 수 있다는 이상주의의 철학이었다.

그의 염세주의 사상은 인간의 본성은 동물과 다름없는 본성을 가지고 있기 때문에 그 본성을 극복해 나가야만 한다는 이상주의적 사고를 인간에게 전파한 철학자 이었다. 그는 철저한 금욕주의자이자 초월주의자 이었다. 또한 인생을 똑바로 살기위해서 많은 노력을 하였고 인간에게 교훈을 주기위한 실천주의 철학자이었다. 대부분의 철학자들이 외치는 현실과 무관한 이상만을 주장한 철학자가 아닌 현실위주로 인간을 철저하게 관찰하고 그에 대응해 나가도록 한 사상가 이었다.

쇼펜하우어나 니체는 단지 허무주의를 바탕으로 한 현실외면과 도피가 아닌 인생을 똑바로 살아갈 수 있도록 인간에게 영원한 교훈을 남긴 철학자들이다. 쇼펜하우어가 그의 불후의 명작 "인생론"에서 제시한 인생관을 다시 한 번 생각해 볼 필요가 있다.

현대를 살아가는 현대인들은 과거에 얽매이지 않고 미래를 추구해 나가는 새로운 삶을 추구해 나가야만 하지 않을까 하는 생각이 든다.

9

휴머니즘과 참다운 행복

• 01

위대한 캐츠비와 토지

스코트 피츠제럴드의 위대한 캐츠비는 일차세계 대전이 끝난 후의 미국 사회를 잘 나타내고 있다. 위대한 캐츠비를 통해서 미국인들은 물질적인 욕망과 함께 쾌락을 추구하는 사회로 전락해 버렸다. 미국은 재즈시대가 열리면서 방탕과 소비와 범죄와 마약과 도박이 전 미국사회를 지배하게 되었다.

사회가 정상적으로 발전하기 위해서는 정신과 물질의 균형적인 발전이 이루어져야만 한다. 일차대전이 가져다 준 인류의 대 파괴는 인생이 별것 아니라는 허무주의를 추구함과 동시에 인간에게 쾌락을 추구하는 사회로 만들었다. 밀주를 만들어 파는 무법천지에 알 카포네 등 마피아가 극성을 부리던 시대에 물질만능으로 변하는 시대가 되었다.

캐츠비는 하류신분에서 물질을 통해 상류사회로의 신분 상승을 희망하는 이상주의자이었다. 물질을 모으기 위해서는 밀주제조 등 범죄행위를 해서 재산을 축척하고 과거의 자신의 신분을 속이는 행위를 하였다.

미국은 유럽과 다른 점은 전통과 귀족이 없는 나라이다. 캐츠비 같이 부정한 방법으로 돈을 모아서 신분을 속이고서 귀족행세를 하는 사회이었다. 대부분의 미국인들은 과거의 자신의 신분에 대해서 물어보는 문제에 대해서 실례로 생각하고 있었다. 지나친 물질을 숭상하는 사회는 결국 정신적으로 타락해서 자신을 파멸의 길로 들어서게 한다는 것을 이 소설은 잘 나타내고 있다.

위대한 캐츠비가 보여주는 것은 인간이 성공적인 삶을 살기 위해서는 가치관을 물질에 두지 않고 훌륭한 인간관계를 바탕으로 한 도덕적 위엄성과 안정감을 토대로 하여야 한다는 것을 잘 보여주고 있다.

물질에만 의존하고 물질만을 숭상하는 사회에서는 인간은 진실성과 신뢰성을 상실하게 되며 모든 것이 허위에 의해서 행동하다 결국은 자신이 파놓은 구덩이에 스스로가 빠져서 죽음의 길만을 택하는 신세로 전락한다는 것을 잘 보여주고 있다.

일차세계 대전은 미국인들이 유럽을 경험하도록 한 좋은 계기를 만들어 주었다. 미국은 단지 물질적으로만 유럽보다 앞서가고 있었다. 미국에게 필요한 것은 물질의 발달에 맞추어서 정신적인 발달이 필요하였다. 인류를 파멸의 길로 몰아간 일차 세계대전은 미국에게는 발전의 원동력이 된 정신적으로 성숙하게 만든 창조적인 파괴가 되었다. 위대한 캐츠비를 통해서 인간에게 필요한 것은 물질적인 발전에 순응해 나갈 수 있는 정신적인 발달을 요구하고 있다는 것을 나타내고 있다.

피츠제럴드의 위대한 캐츠비의 재즈시대는 우리나라에도 비슷한 사회현상을 보여주고 있다. 일제 치하에서 한국사회는 양반계급과 평민계급간의 계급이 붕괴되면서 물질을 가진 사람이 귀족으로 행세를 하는 시대로 탈바꿈 해 버렸다. 과거의 양반계급은 재물을 축적하는 방법적인 차원에서 천민들이 길러온 상술을 따라가지 못하다가 결국은 몰락하는 경우가 대부분 이었다. 박경리의 소설 토지는 이 시대 상황을 잘 묘사하고 있다.

위대한 캐츠비와 토지 등의 시대적 상황은 미국이나 한국이나 비슷한 상황에 있었다. 미국은 일차대전이라는 인류의 대 참사를 통해서 인간 존재의 미미함을 알았다. 동시에 미국은 오랜 전통을 가진 유럽의 문화에 대한 귀중한 체험을 얻게 되었다. 한국의 경우도 서양문물을 경험하고 양반 상민의 계급의식이 허물어져 가고 있던 시대이었다.

우리가 알아야 할 것은 시대적인 변화를 통해서 인간은

그 변화에 맞는 사고를 추구해 나가야 만 한다는 것이다. 미국이 일차대전을 경험한 것과 한국이 일제 치하에서 서양문물을 접하는 과도기의 단계일수록 인간은 물질적인 출세와 부에 대한 욕망을 지나치게 가지는 경우 인간은 자신을 파멸의 길로 빠져 들어간다는 것을 알 수 있다.

과도기적 단계일수록 인간에게 필요한 것은 도덕적인 위엄성을 가진 가치관이 필요하다.

현대인들은 세계화시대라는 국가와 국경이 사라져가는 과도기의 시대에 살아가고 있다. 이러한 시대일수록 우리에게 필요한 것은 물질적인 풍요로움보다는 정신적인 안정감을 추구해 나가는 삶이 필요하다고 생각된다.

• 02

라이언일병 구하기와 휴머니즘

실존주의 철학자 사르트르는 "실존주의의 본질은 휴머니즘" 이라고 말하고 있다. 인생을 살아가면서 인간은 휴머니즘을 바탕으로 하여 살아가야 훌륭한 인생을 살아 갈수 있다. 한국 영화 오발탄과 라이언일병 구하기는 휴머니즘을 소재로 한 영화로서 전쟁의 참상과 함께 인간에게 필요한 가족애와 동료애를 바탕으로 하여 인간이 훌륭한 인간관계를 가지기 위해서는 휴머니즘을 바탕으로 하여야 한다는 것을 잘 보여주고 있다.

실존주의 철학자 사르트르는 "실존은 본질에 앞선다."라는 말과 함께 "실존주의는 휴머니즘이다."라는 말을 하고 있다. 철학적인 차원에서 보면 실존이란 인간을 바탕으로 한 인간중심의 인성이 근본이 된다. 인성은 인간관계를 구성하는 가장 중요한 요소이다.

라이언 일병 구하기는 이차대전 당시의 참상과 군에서의 우정을 잘 묘사하고 있다. 사형제중 삼형제가 죽고 마지막 남은 라이언 일병마저 전쟁에서 죽일 수 없다는 국가의 특명으로 한 인간을 구하기 위한 군사적 작전 자체가 너무나 인간적이다. 인간적이기 때문에 대위를 중심으로 8명의 군인은 다 죽지만 라이언 일병은 목숨을 구해서 살아남는다. 자신을 구해주고 대신 죽어가는 대위는 죽으면서 한말인 자기들의 목숨까지 열심히 살아달라는 유언에서 인간적인 너무나 인간적인 감동을 느낄 수 있다.

인간사회에서 팀웍 정신이 강하게 결집되면 목숨도 기꺼이 내놓을 수 있다. 라이언 일병은 자신의 목숨을 구해준 군인들을 위해서 인생을 열심히 살다가 마지막으로 그들의 무덤에서 그들의 유언대로 열심히 살았다는 것을 이야기 한다.

인간이 훌륭한 인생을 살아가기 위해서는 휴머니즘을 바탕으로 한 삶을 살아가야만 한다. 서로가 서로를 죽이려고 하는 세상일수록 인간적인 너무나 인간적인 마음을 바탕으로 한 인간관계가 필요하다.

남을 짓밟아야만 자신이 올라설 수 있다는 비 휴머니즘적인 사고방식은 자신도 파멸의 길로 들어서게 만든다. 조직에서나 사회어디에서나 휴머니즘을 바탕으로 한 인간관계를 형성해 나갈 때 그 사람은 훌륭한 인간으로 평가를 받는다.

휴머니즘은 낭만적이고 비현실적이며 이상적인 말로 되어져 가고 있다. 비인간적이고 비신사적인 방법으로 살아가야만 성공하고 남보다 한발 앞서서 이권을 챙기고 남에게 조금이라도 손해를 보지 않으며 양보를 하지 않겠다는 생각으로 살아가는 사람들을 보면 허무한 마음이 든다.

남과의 관계에서는 자신이 조금 손해를 보는 듯하면서 양보를 해도 장래에는 더 큰 것을 얻을 수 있다. 부동산 투기를 위해서 남보다 먼저 부동산에 대한 정확한 정보를 빼돌려서 그곳에다 땅 투기를 하고 바람잡이를 거느리고 밤새도록 이불을 가지고와서 줄을 서 있는 모습을 보면 인간사회의 각박함을 누구나 느낄 것이다.

우리는 고대 헬레니즘시대의 철학자 디오게네스가 한말을 되새겨 볼 필요가 있다.

알렉산더는 국민들이 그를 존경하고 있다는 명성을 듣고서 디오게네스를 방문 하여 디오게네스가 원하는것이 무엇인지를 물어 보았다. 그가 원하는 것은 알렉산더가 자신 앞에서 옆으로 비켜 서 주기만을 원한다. 알렉산더의 그림자 때문에 햇빛이 가려져서 춥기 때문에 단지 앞에서 비켜주는 것만이 그가 원하는 희망이라고 말한 유명한 일화를 되새겨 볼 필요가 있다.

우리는 디오게네스의 말에서 너무나 인간적인 모습을 느

낄 수 있다. 부귀영화를 누릴 수 있는 기회를 헌신짝 버리듯이 한 디오게네스의 인간적인 마음은 주변에서 각박하게 현실을 살아가는 사람들에게 다시 한 번 인생의 진정한 의미를 되새겨 볼 기회가 된다.

인간은 인간중심의 휴머니즘을 바탕으로하여 인간관계를 형성해 나가야 한다. 이기주의를 바탕으로 한 인간관계는 오래 지속 되지를 못한다. 어지러울 정도로 변화되어지는 환경속에서 살아가는 현대인들에게 휴머니즘은 낭만이 아닌 현실로 생각하는 마음으로 살아가야 하지 않을까 하는 생각이 든다.

• 03

렌의 애가와 노블리스 오블리제

모윤숙 시인의 시 "렌의 애가"를 통해서 인간이 상상할 수 있는 사랑의 아름다움과 함께 인간이 살아가는데 필요한 희망을 느낄 수 있다.

렌의 애가에서 한 구절을 보면

"시몬 그대는 들리는가 낙엽 밟는 소리를 /

나는 당신과 함께 낙엽이 떨어진 산길을 걷고 싶소 /

시몬 낙엽이 하나 둘 떨어지는 오솔길에서 낙조를 바라보며 /

사랑을 속삭이던 그 곳을 다시 걷고 싶소 /

시몬 그대가 떠난 어딘가는 /

나는 그대의 발자취를 따라 먼 길을 가고 싶소. / "

모윤숙의 렌의 애가는 일제 강점기 시대에 암울하게 살아가는 사람들에게 사랑을 통해서 희망을 안겨 주었다.

렌의 애가에 나오는 시몬은 당시 모윤숙 작가가 사모하던 춘원 이광수와 벽초 홍명희, 육당 최남선 중에서 한사람이라고 한다.

춘원 이광수와 벽초 홍명희, 육당 최남선은 그들이 국문학사에 기여한 공헌은 지대하다. 이광수는 그의 소설 무정 등을 통해 톨스토이의 계몽주의 정신을 받아들여서 국민들에게 계몽시킴으로서 문학적으로 훌륭한 기여를 하였다.

최남선은 해에게서 소년에게로 최초의 신시를 발표한 인물이다. 벽초 홍명희는 임꺽정을 통해서 당시사회에 순수한 우리민족의 정신을 다시 살리는데 크게 기여를 한 인물이다. 아직도 그가 사용한 순수 우리 민족이 가지고 있는 토속용어를 뛰어넘을 만큼 능숙하게 사용하는 작가는 나타나고 있지 않다.

모윤숙 자신을 비롯하여 세 사람 모두가 당시 힘들게 살아가던 우리 민족에게 희망이 있음을 보여주고 있다.

그들은 현대 역사 속에서 비난을 받고 있다. 그들은 "빼앗긴 들에도 봄은 오는가"의 민족시인 이상화와 "님의 침묵"의 한용운시인과 "하늘과 바람과 별과 시"의 윤동주시인과는 역사에서 다르게 평가받고 있다.

왜 그들은 천재적인 재능과 많은 사회적 기여에도 불구하고 현재 역사에서는 그들의 글과는 별도로 비난의 대상이 되고 있는가.

역사는 이광수를 비롯하여 최남선 등이 행한 친일행위에 대해서 비난의 화살을 퍼붓고 있다. 당시를 살아가는 사람들에게 그들은 민중을 이끌어 나가는 지도자들 이었다. 당시의 사회는 언론인이나 작가 등은 민중을 대변하고 민중을 올바로 이끌어 나가는 민중의 횃불의 역할을 해야 하는 사람들이었다. 지금의 다원화된 사회보다도 그들의 영향력과 역할은 중요했으며 그들은 작가라는 직업을 떠나서 정치가요, 민족지도자 역할을 한 사람들이었다.

초기에 그들은 국민들을 개화시키려는 의도로 글을 썼다. 그러나 그들은 일제의 강한 압력에 굴복하여 변신을 하고 말았다. 아무리 어려움이 있더라도 그들은 초기에 그들이 가지고 있던 정신을 그대로 밀고 나가야만 역사로부터 배신자라는 말을 듣지 않는다. 역사는 기록을 통해서 엄격하게 심판을 한다.

노블리스 오블리제 라는 말이 있다. 이 말은 고대 로마시대부터 서양사회를 지배해온 말이다. 영어로 말하면 Noble 고상한이라는 말과 Obligation 의무라는 말이다.

자신의 사회적 지위와 신분에 맞추에서 행동을 하여야만 하는 도덕적인 책임과 의무감을 져야 한다는 말이다. 자신이 사회적으로 민중을 이끌어나가는 횃불의 역할을 하고 있는 작가가 순수한 작가의 정신을 버리고 일본을 동조하는 행위는 용서가 되지 않는다.

현대의 조직사회에서도 리더는 자신이 조직원과 조직전체에 대해서 자신의 위치에 맞는 행동을 해야 하는 도덕적인 의무가 있다. 만일에 조직에서 리더가 도덕성과 책임감이 없는 행동을 하는 경우에 리더는 리더로서의 자격을 상실하게 된다. 자신이 거느리는 부하로부터 존경심을 상실하면 자신의 리더십은 더 이상 발휘할 수가 없다.

현대를 살아가는 현대인들에게 조직에서 자신이 조직을 위하는 애사심과 리더십을 가질 필요가 있으며 비록 조직이 자신에게 섭섭하게 하여 조직을 떠나더라도 조직을 통해서 알았던 중요한 기밀을 경쟁사에 알리는 행위는 하지 말아야 한다.

현대인들은 배신하지 않고 올바르고 떳떳한 삶이 필요하다는 것을 다시 한 번 생각해 보아야 하지 않을까 생각된다.

• 04

라스트 모히칸과 가을의 전설

21세기는 글로벌화 시대이다. 글로벌화 시대란 세계가 점차적으로 국경이 없어져서 전 세계의 지구촌화 현상이 나타나서 세계가 국적이 없어져 버린다는 것이다. 이러한 시대일수록 우리는 다른나라 사람들을 배타적으로 대할 것이 아니라 그들의 문화와 풍습을 이해하고 그들과 융화되어져 가는 정신이 필요하다.

현재 우리는 전 세계 국가들과 자유무역협정인 FTA를 체결해 나가고 있다. 길거리에서 외국인들을 보는 일은 어려운 일이 아니다. 외국인들과 비즈니스를 포함하여 모든 일에 거래를 하지 않고서는 살아 나갈 수 없는 시대가 도래 하였다.

라스트 모히칸은 미국 동부가 어느 정도 안정되고 서부로 개척해 나가는 시기에 나온 제임스 페니모어 쿠퍼의 소설이다. 동부가 안정되고 동부에서 안정된 삶을 버리고 험하고 위험한 삶을 택한 미국 개척자의 삶을 소설로 나타낸 이 소설은 서부변경에서 일어난 인디언과 백인간의 우정을 다루고 있는 소설이다. 이 소설은 기존에 백인과 인디언은 도저히 어울릴 수 없다는 고정관념을 깨고서 백인과 인디언 사이에 우정이 애정보다도 강하다는 것을 보여주고 있다.

일반적으로 백인들은 유전적으로 흑인이나 인디언보다 진화된 인종이란 관념에 사로 잡혀져 있었다. 그들은 열등한 인종인 인디언과는 화합해서 살아갈 수가 없다는 고정 관념에 젖어 있었다. 이 소설은 인간은 인종의 색깔을 넘어서 서로 도와서 살아가야 하는 것을 보여주고 있다.

우리는 가끔 추운 겨울날 포장마차에 들러서 소주 한잔을 기울이고 싶어지는 낭만이 그리워지는 순간이 떠오른다. 이러한 낭만은 미국의 포장마차가 원조이다. 미국인들은 동부에서 서부로 개척하기 위해서 인디언들의 습격 등 위험을 피해서 모여서 포장마차를 타고 이동을 하였다. 그들은 포장마차를 중심으로 모여서 술잔을 기울이고 하루의 피곤한 여정의 회포를 풀었다.

라스트 모히칸은 인디언과 백인 간에는 우정의 연결고리를 놓아서 화합을 모색해 나갔지만 남녀 간의 사랑에서는 인종간의 벽을 허물지 못하고 있다. 라스트 모히칸은 인종간의 벽을 상당히 허물었다는 획기적인 변화를 가져오기는 했다.

영화 가을의 전설을 통해서 우리는 전 세계의 인종의 벽이 확실하게 허물어져가고 있으며 다른 인종의 문화도 이해를 할 필요성을 느끼게 한다.

영화 가을의 전설은 배경 자체가 너무나 아름다운 낭만을 더해 주면서 인간의 진실된 전설이 만들어 질 수 있는 배경이 나타난다. 백인사회에서 인디언 보호주의 사상을 가진 퇴역 대령과 각각 다른 사상을 가진 그의 세 아들의 삶을 인디언을 중심으로 전개된다는 것에 이 영화는 큰 의미를 가지게 된다. 야망을 가진 큰 아들과 자연을 사랑하는 자연주의자 둘째와 이상주의자인 셋째와의 사이에서 며느리가 들어오면서 애정과 사랑과 증오로 인한 갈등을 잘 묘사하고 있다.

가을의 전설이 라스트 모히칸보다 더욱 세계화 시대에 맞는 사상을 가지고 있다는 것은 인디언의 문화를 받아들이고 인디언 여인과 결혼까지 간다는 인종과 문화의 장벽을 완전히 허물어버린다는 것이 이 영화가 보여주는 가장 강한 인상이다.

인디언 노인이 자신의 내면에서 우러 나오는 소리를 들으며 살아가는 사람은 미쳐 버리거나 아니면 전설이 되어져 버린다는 것이다. 인디언 노인의 말과 같이 그들은 전설이 되었다는 점에서 영화의 아름다움은 극치를 달하게 된다.

세계화 시대에 길거리에서 많은 다른 인종의 외국인들을 볼 수가 있다. 그들은 비즈니스맨이고 학생이고 종교인을 포함하여 다양한 직업을 가진 사람들이다.

그들 중에서 필리핀과 태국 등 동남아 후진국에서 온 사람들에 대해서는 경계를 하고 영미나 유럽국가의 사람들에 대해서는 주눅이 들어 있다. 이러한 편견된 사고는 세계화 시대에 역행하는 사고이다.

우리는 라스트 모히칸이나 가을의 전설에서와 같이 외국인들을 이해하고 그들과 화합해서 일을 추진해 나갈 때 세계화시대에 어울리는 인생을 살아가고 있지 않나 하는 생각이 든다.

• 05

부드러운 인상과 지나친 결벽증

현대인들이 가장 선호하는 말은 부드럽다. 라는 말이다. 부드럽다. 라는 말은 획일적이지 않고 딱딱하지 않은 것을 의미한다. 쇠붙이로 말하면 강한 강철이 아니라 잘 휘어지는 구리나 연철을 연상하면 된다.

강한 강철과 연한 연철을 비교해 보면 강철은 강한 듯이 보이나 부러져 버려 오래 가지를 못한다. 연철은 이리 저리 잘 휘기는 하지만 부러지지 않아 오래 동안 사용할 수 있다.

우리가 사람들을 대할 때 대부분 강한 인상과 강한 말을 사용하는 사람들은 강해 보이지만 부드러운 사람들처럼 친근감이 들지를 않는다. 강한 인상을 가진 사람들과는 쉽게 친해 지지가 않는다.

현대인들은 부드러운 인상과 부드러운 말과 부드러운 외모를 선호하고 있다. 상대와의 말을 하는 경우에도 가능하면 부드러운 말을 사용하고서 부드럽게 상대에게 접근하여 상대를 설득하려고 한다.

대인관계에서 상대와의 첫인상은 가장 중요하다. 정신 의학자 지그문트 프로이드는 인간은 처음대하는 순간 4초 이내에 그 사람에 대한 인상이 머릿속에 오래 동안 각인 되어서 평생 동안 그 사람의 처음의 모양이 그대로 남아있다. 두 번째 부터는 그 사람의 처음 본 이미지로부터 별로 벗어나지를 않는다는 것이다.

사람과 첫 만남을 가질 때에는 부드러운 인상을 보이는 것이 인간관계를 유지해 나가는데 유리하며 그 관계가 오래 지속된다. 조직에서 고객을 상대로 하는 사람들은 부드러운 인상으로 고객들을 대해야 고객을 자신의 편으로 끌어 들일 수 있다.

현대를 살아가는 사람들 중에는 모든 면에서 완벽을 추구하는 사람들이 늘어나고 있다. 입는 옷에서부터 방안을 먼지 하나 없도록 완벽하게 청소하고 사무실에 있는 집기와 사무용품 등의 물건들은 제자리에 정확하게 꼽아 놓는다. 집안을 깨끗이 하고 주변을 정리 정돈 하는 일은 육체적 건강과 정신적 건강에 좋은 일이다.

인간관계에서 대부분 이들은 옳고 그름을 분명히 하는 완벽주의자들이다. 이들은 모든 일을 완벽하게 추진하며 옳은 일만 추구해 나가는 사람들이다. 항상 모든 일을 완벽하게 추구하고자 하다 보니 주변의 사람들과 마찰을 일으키거나 따돌림을 당하는 수가 많다.

인간은 불완전한 존재이다. 완전한 사람들은 이 세상에 존재하지 않고 하늘나라에 가서 산다. "모난돌이 정 맞는다"는 말이 있다. 너무 완벽을 추구하는 사람들은 인간관계에서 물위에 기름 뜨듯이 다른 사람들과 섞이지를 못한다.

너무 맑은 물속에는 물고기가 살수가 없으며 옳은 일만 하는 사람은 독배를 마신다. 인간은 자신이 완벽하지 못하기 때문에 어느 정도의 서로 서로의 허점을 보완해 가면서 살아간다. 완벽하고 옳은 일만하는 사람에게 독배를 마시게 해서 자신들이 사는 세상에 동참 시키지 않는다.

역사적으로도 신격화 되고 있는 인류의 성인 소크라테스를 그리스 사람들이 독배를 마시게 한 것은 바로 너무 옳은 일만 하도록 하기 때문에 당시 사회의 사람들의 눈 밖에 나서 결국은 독배를 마시고 죽었다.

현대를 살아가는 사람들에게 필요한 것은 강하고 획일화 된 사고보다는 부드럽고 유연한 사고를 가지고 완벽보다는 여유로운 삶을 추구해 나가야 하지 않을까 싶다.

• 06

소꼬리와 닭벼슬

속담에 "소 궁둥이 보다는 닭대가리가 되라."라는 말이 있다. 현대기업인들의 귀에 자주 들리는 말 중에서 블루오션과 레드오션이라는 말이다. 레드오션은 현재 있는 기존의 시장에서 치열한 경쟁을 통해서 1등의 자리를 석권한다는 기업전략이다. 블루오션은 기존에 없는 새로운 시장을 개척해서 신상품을 최초로 개발한다는 전략이다.

블루오션 전략은 기존에 없는 것을 새롭게 개발하여 최초가 되면서 1등의 자리를 얻는 것이며 레드오션은 이미 있는 여럿 중에서 노력을 해서 기존의 1등을 제치고 1등을 하겠다는 전략이다. 이중에서 대부분의 기업들이 원하는 전략은 최초가 되겠다는 블루오션의 전략이다. 최초가 되는 것이 최고가 되는 것보다 쉽다는 생각이다. 최초가 되기 위해서는 창조적인 아이디어와 전략을 필요로 하지만 최고가 되기 위해서는 기존의 시장과 상품의 질서를 깨뜨릴 만큼의 엄청난 노력을 요구하기 때문이다.

인간이 살아나가면서 느끼는 것은 큰 곳에서 하인 노릇을 할 것인가 아니면 작은 곳에서 왕 노릇 하는 편이 더 나은가를 두고 생각들을 많이 한다.

계급사회인 군 조직을 보면 별들이 많이 모여 있는 육군본부에 가면 이마에 별을 달고 있는 장군들도 급하면 유리창이라도 닦을 정도의 일을 해야 할 만큼 별에 대한 희소 가치가 없다. 그 별이 전방으로 가는 경우에 별이 떳다하면 전 부대에 비상령이 내려질 정도로 황제에 가까울 정도의 대접을 받는다.

같은 별을 달고 있더라도 자신이 몸담고 있는 조직에 따라서 대우가 너무나 다르다. 공무원의 경우 중앙 부서에 있게 되면 승진상의 약간 혜택을 받기 때문에 승진을 위해서 층층시하의 중앙부서에 근무를 하기를 원한다. 하급관청으로 가면 거느리는 부하직원이 많고 섬겨야하는 상관들이 적기 때문에 더욱 편한 생활을 할 수 있다.

인생을 살아가면서 우리가 생각할 것은 작은 곳에서 열심히 해서 자신의 실력을 인정받고 다음으로 한 단계 더 높고 큰 곳으로 옮겨 갈 것인가 아니면 처음부터 큰 곳에서 많은 영재들 틈에서 그들과 치열한 경쟁을 할 것인가는 심각하게 생각해 볼 문제이다.

능력이 아주 탁월하고 뛰어난 사람은 처음부터 큰 곳에서 소 궁둥이부터 시작해서 이미 자리를 잡고 있는 수많은 영재들과 경쟁을 한번 해 볼 만하다. 이미 기존에 있는 영재와 비슷한 능력을 가지고 있기 때문에 죽이 되던 밥이 되던 붙어서 되면 그들을 제치고 영웅이 되며 큰 곳의 왕이 되는 것이다.

문제는 탁월한 능력을 가지지 못하고 있는 경우이다. 이들은 처음부터 큰 곳에 가면 두각을 드러내지 못하고 바닥에서 헤매는 위치로 떨어진다. 많은 노력과 인내를 통해서 그들은 일등은 못되고 이등의 자리에 까지는 간다. 작은 곳에서는 그 정도의 노력과 인내를 하는 경우 얼마가지 않아서 일등의 자리에 올라서게 된다.

일등과 이등의 차이는 엄청나다.

역사적으로 볼 때 일등을 한 사람은 역사에 이름을 남기면서 대우를 받고 이등을 한 사람은 아무런 가치를 두지 않고 사라져 버린다. 이등과 일등의 가치는 하늘과 땅 차이 이다. 비교를 할 수가 없지만 복권의 경우 이등 당첨자와 일등 당첨자에게 돌아가는 상금의 차이는 실로 엄청난 차이를 두고 있는 것과 같은 현상이다.

소꼬리와 닭 벼슬을 비교하는 일은 상대적인 것이다.

소꼬리가 더 좋은지 아니면 닭 벼슬이 더 나은지는 개인의 특성에 따라서 약간의 차이가 있다. 처음부터 소머리가 되겠다고 달려드는 사람은 많은 희생을 감수하고도 일등을 할 가능성이 희박하다. 작은 곳에서 열심히 노력을 하면 노력한 만큼의 대가가 나고 쉽게 두각을 두러낼 수 있다.

인류역사를 빛낸 이름 있는 대부분의 사람들은 처음에는 작은 곳에서부터 시작하여 그곳에서 일등을 하여 큰 곳으로 옮겨서 성공을 거두었다.

현대를 살아가는 사람들은 인생에서 큰 곳에서 인생을 실패할 각오를 하고 일등이 되도록 노력하고 도전 할 것인가 아니면 작은 곳에서 일등을 하여서 큰 곳으로 옮겨서 성공을 계획할 것인가를 다시 한번 생각해 볼 일이다.

• 07

초절주의와 도덕성

물질만능주의 사상이 점차적으로 팽배해져가고 있는 시대가 되었다. 젊은 사람들은 돈에 대해서는 점점 더 애착을 느끼면서 인생의 목표를 돈에 맞추려고 하는 풍조가 팽배해지고 있다.

물질만능주의 시대는 인간사회를 타락의 사회로 만들어 버릴 수가 있다. 물질만능 사상이 인간사회를 부패와 타락의 도가니로 빠뜨릴 수 있다는 생각으로부터 구해낸 사람은 미국의 대표적인 사상가 랄프 왈도 에머슨을 들 수가 있다.

에머슨은 당시 물질만을 추구해 나가는 타락한 인간사회에 초절주의 사상을 불어 넣음으로서 미국사회를 새로운 인간사회로 만들어낸 위대한 사상가이다. 그의 초절주의 사상은 바로 물질만을 추구하면서 정신적으로는 메말라있는 현대인들이 알아야 할 기본정신이다.

미국의 건국이념인 청교도 정신은 얼마 후 물질만능주의로 넘어 오면서 미국인들은 정신적으로 타락하기 시작하였다. 미국인들의 정신적인 타락을 방지하고 도덕적인 책임감과 정력적인 삶의 부활을 주장한 사상가가 바로 에머슨이었다. 그는 목사로서의 길을 걸었으나 후에 사상가로서 변신을 하여 미국을 대표하는 사상가가 되었다.

에머슨은 신플라톤주의의 이념인 물질보다 정신이 중요한 금욕적인 사회가 세속적 물질주의 사회를 넘어서야만 한다는 정신적인 사상의 인도를 주창한 인물이었다.

에머슨의 사상은 미국적인 시각에서는 청교도 정신의 부활이라는 것을 의미한다. 초창기 미국사회는 청교도 정신을 바탕으로 한 금욕주의 사상이 미국사회 전역에 불붙고 있었다.

미국사회는 청교도 정신의 쇠태와 함께 물질만능주의의 사회로 변화되면서 타락하기 시작하였다. 초창기 사람들과는 달리 후기에 이민 온 사람들은 대부분 일확천금의 부를 노리고서 이주해 온 사람들이었다. 이들은 정신적인 풍부함보다는 물질적인 풍요로움을 원하던 사람들이었다.

에머슨은 물질보다 정신적인 풍요로움이 훨씬 더 인간의 삶의 가치를 높이며 인간은 보다 정력적인 삶을 사는 길이 창조주인 하느님에게 보답하는 일이라고 주장하였다. 특히 도덕적으로 금욕적인 생활을 주장하였다.

부의 축적에 대해서는 눈이 하늘에서 공평하게 내리지만 바람이 불거나 해서 얼마가지 않아서 여기 저기 갈라져서 쌓이게 된다. 인간이 부를 축적하는 것은 나쁜 행위는 아니다. 재물을 모으는 일에 대해서는 에머슨은 비교적 관용적인 사상을 가졌다.

에머슨의 사상은 타락한 미국사회를 정화시키는데 크나큰 기여를 하였다. 에머슨 사상의 영향으로 인해 미국사회는 미국의 건국이념인 청교도 정신에 의한 도덕성을 중시하는 사회와 물질주의 사회가 병행해 나가기 시작하였다.

현대를 살아가는 현대인들에게 물질은 중요하다. 물질과 함께 중시해야 할 것은 도덕성이다. 물질적 추구 이상으로 우리가 지켜나가야 할 것은 깨끗한 도덕성이라고 느껴진다.

• 08

참다운 행복

세계에서 가장 큰 집은 미국 남동부의 애팔래치아 산맥이 있는 노스캐롤라이나 주의 애쉬빌에 있는 빌트모아 하우스이다. 이 집은 19세기말 남부의 철도 권을 장악하여 거부가 된 조오지 벤더빌트가 지은 세계에서 가장 큰 저택이다. 개인집이라기보다는 웬만한 성보다도 크다.

이 집을 세운 벤더빌트는 테네시강의 뱃사공 출신이다. 시골 강의 뱃사공에서 당시 물건을 운송하는 유일한 수단이었던 미국 남부의 철도권을 장악하면서 포드나 강철 왕 카네기 등과 함께 미국역사에 기록되는 거부가 되었다. 갑자기 부자가 되자 돈을 어디에다 사용할까 생각하다가 두 가지 용도에다 사용하기로 했다. 한곳에는 자신의 이름을 딴 세계적인 명문 대학인 테네시 네쉬빌에 있는 벤더빌트 대학이며 다른 곳에는 세계에서 가장 큰 집을 짓는 일이었다.

이집을 지어 들어가 살면서 불과 5년 채 안 되어서 그의 가족들이 병이 들어 죽거나 아니면 이혼하거나 하는 등 불행을 맞고서 자신도 5년 만에 이름 모르는 병에 걸려 죽는다. 불과 5년 만에 그 집은 텅 빈 집이 되고 국가에서 관광지로 개발하여 관리하기 시작했다.

인생을 살아가면서 물질적으로 지나친 풍요로움은 인생에서 행복을 가져오는 것이 아니라 오히려 불행의 씨앗이 된다. 대부분의 사람들은 너무 많은 돈 때문에 결국 불행한 삶을 살아간다.

그러면 진정한 행복은 어디서 오는가.

행복을 측정하기 위해서 공리주의자 제미리 벤덤은 쾌락을 추구해서 그 쾌락의 질과 양을 가지고 행복의 기준으로 삼았다. 그러나 이것은 단지 겉모양의 행복에 불과하다.

수 천 년 간의 인류역사를 통해 인간은 과학과 기술의 혜택을 받지 않고 단지 자연에 의존하는 삶속에서 때로는 자연의 재해로 인해 물질적으로 굶주림 속에도 행복하게 살았던 것을 역사적으로 알 수 있다.

인간의 행복은 상대적이다. 독일의 철학자 쇼펜하우어는 "행복은 자신에게 만족하는 자에게 찾아온다. 자신이 행복하다고 생각하면 행복하고 불행하다고 생각하면 불행한 것이다." 대부분 자신에 대해서 부정적인 생각을 하고 있는 사람들은 마음의 병과 불행을 동시에 가지고 있다.

로마 황제 마르쿠스 알렐리우스는 "행복하게 사는 것은 인간의 내면의 힘에 의한다. 가장 깊은 행복은 우리의 내면 세계로부터 나온다."라고 말하고 있다. 영국의 소설가 조지 엘리엇은 그의 소설 "다니엘 데론다"에서 "행복의 원리는 인간의 선택에 있다."라고 하였다.

종교는 자신의 마음을 다스리기 위해서 필요하다. 예수는 "천국은 네안에 있으며 너 마음의 천국을 찾으라"고 했으며 석가 또한 "가르침은 자신의 마음속에 있으며 마음속에서 깨달음을 찾으라"고 했다.

자신의 내면세계로부터 행복을 찾아야 한다면 행복한 인생을 선택하는 능력이 중요하다. 그 능력은 긍정적인 사고로부터 나온다.

현실 속에서 발생한 일들을 긍정적으로 생각하고 자신이 희망하는 방향과 가까우며 그 방향으로 지속적으로 몰아가는데 도움이된다고 생각하면 즐겁고 행복을 느끼게 된다. 현재 발생한 일이 자신의 미래에 고통을 가져온다는 부정적인 사고를 하면 불행한 것이다.

부정적인 사고는 또 다른 부정적인 사고를 초래하여 결과적으로 부정의 연속을 가져오게 된다.

인간은 존재자체가 시한부이다. 식물과 동물도 시한부이

다. 식물의 한 종류인 봄에 피는 꽃은 한 철 동안 피어서 아름다움을 보이면서 스스로 행복을 즐기다가 시간이 되면 미련 없이 시들면서 다음해에 다시 피어난다. 인간은 식물과는 다르지만 자신이 처해있는 환경에 만족해하면서 더 긍정적인 방향으로 생각해 나가면 되는 것이다. 이것은 꽃이 한창 아름다움을 자랑하다가 시들면서 다음해에는 더 아름다운 꽃을 피운다는 것과 같다.

인간은 긍정적인 사고를 하면 행복하게 된다. 자신에게 현재 닥친 어려운 일은 불행이 아니라 더 낳은 성공과 결실을 위한 전초전으로 생각을 하면 그 일은 불행이 아니라 행복을 낳는 씨앗이다.

행복하고 아름다운 삶을 살아가기 위해서는 자신의 내면에 가지고 있는 부정의 사고를 완전히 없애버리고 모든 것을 긍정적으로 생각하는 사고의 전환이 필요하다고 본다.

현대인의 성공적인 삶을 위하여

2007년 8월 25일 초판1쇄 인쇄
2007년 8월 30일 초판1쇄 발행

저　자 조 해 경
펴낸이 임 순 재
펴낸곳 한올출판사
등록 제11-403호
121-849
주　소 서울특별시 마포구 성산동 133-3 한올빌딩 3층
전　화 (02)376-4298(대표)
팩　스 (02)302-8073
정　가 11,000원

홈페이지 www.hanol.co.kr
e - mail hanol@hanol.co.kr

저자와의 협의하에 인지생략

- ISBN 978-89-8325-917-2